이 책의
저작권자를
찾
습
니
다

That Something

폴 J. 마이어

'목표 설정을 통해 성공에 이른다'라는 원리를 보험 세일즈 분야에 적용하여 27세에 백만장자가 되었다. 교육, 컴퓨터, 소프트웨어, 금융, 부동산, 인쇄, 제조, 항공 등 40여 개가 넘는 회사를 운영하고 있으며, 인재교육기관인 LMI(Leadership Management International Inc.)의 설립자이기도 하다. 그가 만든 교육 프로그램은 세계 70여 개국에서 23개 언어로 번역, 배포되어 수많은 사람들의 삶을 변화시켰다. 가능한 한 많은 사람을 위해, 가능한 한 많은 방법으로, 가능한 한 오랫동안, 가능한 한 많은 선행을 행하는 것을 일생의 과제로 삼아온 그는 저작물과 기록물만으로 20억 달러가 넘는 수익을 창출해냈다.

최종옥

한국외국어대학교 경제학과, 서강대학교 대학원 경제학과를 졸업했다.
대한항공, 코카콜라, 외국계 금융기관에서 자금 및 국제금융 업무를 담당했으며, 현재는 북코스모스 대표로 활동하면서 《파이낸셜 뉴스》 등에 경제·경영 분야의 서평을 기고하고 있다.
옮긴 책으로는 「유럽 제국주의 경제학」, 「리눅스 혁명과 레드햇」, 「섀클턴의 파워 리더십」, 「마켓 리더의 조건」, 「퓨처 리더십」, 「최고의 인생을 위한 게임」 등이 있다.

THAT SOMETHING

Distributed in Korea
by LIM-BIG DREAM & SUCCESS and BOOKVILLAGE
This edition is published by arrangement of Han-soo,
Kong of BIG DREAM & SUCCESS.

이 책의
저작권자를
찾
습
니
다

That Something

폴 J. 마이어 엮음 / 최종옥 편역

책이
있는
마을

| 이야기의 저자이거나 저작권자라면 혹은 그 사람을 알고 있다면 우리에게 알려주기 바란다.

If you are, or if you know
the author or copyright holder of this story,
please contact us with such information.

읽기에 앞서

반세기 전 나는 우연히 이 소책자를 만나게 되었다.
거기에는 저자의 이름도 주소도 없었다.
누구에게서 이 책자를 받았는지는 분명치 않지만 이 책
자를 내게 건네주었던 사람은 이 책을 읽고 또 읽도록
권유했던 기억이 난다. 이 이야기를 읽기 시작했을 때
나는 도저히 중간에 내려놓을 수가 없었다.
그동안 나도 여러 종류의 훈련과정 교재, 저서, 소책자
등을 전 세계 수많은 언어로 펴낸 바 있지만, 언젠가는
이 책자를 인쇄하여 보다 널리 배포하겠다는 생각이 늘
나의 마음속에 자리잡고 있었다.
내가 이 책자를 받으면서 들었던 말을 당신에게 그대로
전해주고 싶다.
부디 읽고 또 읽어주기 바란다!

폴 J. 마이어

CONTENTS 차례

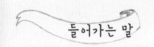

지금 이 순간 내게 가장 필요한 건 뭘까?

"평범한 사람은 자기 자신이 가지고 있는 잠재능력의 단 10%만 활용하고 있을 뿐이다."

세계적인 동기부여가 앤서니 라빈스가 뉴욕의 메디슨 스퀘어 가든에서 2만여 명의 청중을 감동시켰던 강연의 핵심은 바로 이 한마디였다. '어떻게 하면 삶을 보다 열정적으로 살 수 있을까'라는 주제로 진행된 이 강연을 통해 그는 8백만 달러가 넘는 수입을 올렸다.

미국의 한 지방 방송국 리포터 출신인 그가 수많은 사람들에게 '성공의 키워드'를 전달하는 메신저로서 세계적인 명성을 누릴 수 있었던 비결은 삶에 대한 열정과 호기심이었다. 그는 리포터로 일하는 동안 다른 사람들의 인생에 관심을 갖기 시작했다. 그들의 성공 혹은 실패의 요인이 무엇인지를 분석한 결과 성공한 사람과 실패한 사람의 차이는 백지 한 장 차이라는 사실을 발견했다.

대부분의 사람들은 아는 길로만 가려는 습성이 있다. 자신이 가보지 않은 길, 이제껏 경험해보지 못한 일에 대해선 선뜻 걸음을 내딛으려고 하지 않는다. 우물 안의 개구리처럼 말이다. 자신이 설정한 카테고리 속에서 자기가 어떤 능력을 가진 존재인지도 모른 채 평범하게, 어쩌면 그 이하의 삶을 살다 가는 것이다.

성공한 사람들은 자기 안에 잠재되어 있는 90%의 재능을 찾아내고 스스로 동기부여를 한 사람들이다. 도저히 뚫고 나갈 수 없을 것만 같은 난관에 부딪혔을 때, 어떤 사람은 행운을 기대하고, 또 어떤 사람은 특별한 기적이 일어나주길 기다리며 아까운 시간을 허비하기도 한다. 더러는 귀인이 나타나 자신에게 닥친 어려움을 단숨에 해결해주길 바라며 주위를 두리번거리는 사람도 있다. 그러나 행운이나 기적은 절대로 사람을 찾아다니지 않는다. 문제해결의 열쇠는 언제나 자신의 내부에 있다.

우리의 내부에는 상상도 할 수 없을 만큼의 엄청난 힘을 발휘하는 '90%의 그 무엇'이 숨어 있다. 성공한 사람들은 대부분 '그 무엇'을 제대로 찾아낸 사람들이다.

우리는 방송이나 언론매체를 통해서 삶의 밑바닥까지 굴러떨어졌다가 스스로 절망을 떨치고 일어나 기적처럼 정상의 자리에 오른 사람들 이야기를 접하곤 한다. 그를 밑바닥까지 끌어내렸던 절망도 내부에 있던 것이고, 성공을 불러온 에너지도 실은 그 사람의 내부에 있었다. 비슷한 실패를 겪었던 다른 많은 사람들과 달리 그가 성공을 거둘 수 있었던 요인은 특별한 게 아니었다. 남들이 절망과 좌절, 두려움이란 카드를 손에 쥐고 갈팡질팡하는 사이, 그는 침착히게 자신의 내부를 들여다본 것이다. 그리고 그는 마침내 절망, 좌절, 두려움 따위에 가려져 있던 '그 무엇'을 찾아냈다.

삶의 질을 변화시키기 위해 필요한 첫 번째 '그 무엇'이란, '난 반드시 내가 원하는 대로 살 수 있고, 그렇게 되도록 할 수 있다'는 신념이다. 인간은 태어나면서부터 스스로 일어서는 방법을 알고 있다. 그런데 우리는 어려운 일이 닥칠 때면 자신이 그 방법을 알고 있다는 사실마저 잊어버린다. 자신의 능력을 받아들이지 못하는 사람이 과연 무슨 일을 할 수 있겠는가?

신념을 가진 사람은 자신의 능력을 의심하지 않는다. 그는 굳이 사막에서 오아시스를 찾게 해달라고 신에게 기도하지 않는다. 열심히 찾아보면 어딘가에 맑고 시원한 물이 있다는 걸 알기 때문이다. 또한 그는 밑바닥일수록 높이 치고 올라가기에 가장 좋은 조건이란 것을 알고 있다. 신념은 주어진 상황을 긍정적으로 볼 수 있는 눈을 길러주고, 동시에 자신의 내면을 어둡게 하던 나쁜 패들을 과감하게 버릴 수 있게 해준다. 당신은 이미 가지고 있는 그것, 스스로 할 수 있다는 신념을 끄집어내기만 하면 된다.

두 번째로 찾아야 할 '그 무엇'은 이웃에 대한 관심과 따뜻한 배려다. 살다 보면 뜻하지 않은 인생의 복병을 만나게 되는 순간이 있다. 열심히 한다고 했는데 되는 일은 거의 없고, 새로운 일을 찾기에는 너무 늦었다고 생각되는 순간, 당신은 '왜 하필 나한테만 이런 불행이 생기는지 모르겠다'고 투덜거릴지도 모른다.

자신의 무능함을 탓하기 전에 주위를 한번 돌아보라. 뜻밖에도 당신이 손 내밀어주길 기다리는 사람들이 많다는 걸 알게 될 것이다. 아무짝에도 쓸모없을 것만 같던 자신에게 남을 도울 수 있는 힘이 있다는 사실을 깨우쳤다면, 당신은 다시 일어서는 데 가장 필요한 자신감을 회복한 것이다. 그리고 이제 움직여야 할 이유를 찾았으면 앞으로 나아가면 된다.

신념을 가진 사람은 작은 성공이나 실패에 연연해하지 않는다. 아직 자신의 내면에는 쓰지 않은 보물들이 많다는 걸 알기 때문이다. 하지만 지나친 낙관은 금물이다. 이 보물들은 너무 오래 묵혀두면 그 가치가 소멸되어버리는 특성이 있다. 움직여야 할 땐 용기 있게 첫발을 뗄 수 있어야 한다. 자신감

만으로는 결코 기회를 만들지 못한다.

자기 자신에게 호기심을 가져라. 필요할 때 꺼내 쓸 카드는 모두 그 안에 있다. 공연히 남의 성과를 부러워하며 여기저기 기웃거릴 필요 없다. 남의 뒤를 따라가는 사람은 남이 흘린 것만을 얻을 수 있을 뿐이다. 기회란 쟁취하는 것이다. 그것은 투명한 날개를 달고 있어 주인이 알아봐주지 못하면 언제든 도망칠 준비를 하고 있다. 숨겨진 90%의 재능을 찾아서 적재적소에 활용하는 것은 순전히 당신의 몫이다.

16

퍼킨스와 랜돌프는 출입문을 밀고 거리로 나섰
다. 가을을 재촉하는 비가 거리를 촉촉이 적시고
있었다. 퍼킨스는 비서로부터 건네받은 우산을
펴 랜돌프와 자신의 머리 위로 치켜들었다.

　　이른 아침부터 시작된 회의는 점심시간까지 이
어졌다. 새로 개점할 백화점의 경영자 선정문제
를 놓고 두 사람의 의견이 팽팽하게 맞섰기 때문
이었다.

　　퍼킨스는 J그룹 최고경영자의 인척으로 어려서
부터 부모가 정해준 진로를 무리 없이 걸어온 사
람이었다. 그는 사람의 출신성분을 중요하게 여
겼다. 인간은 태어날 때부터 운명의 많은 부분이

17

정해져 있어 아무리 노력해도 그 틀에서 벗어날 수 없다는 게 그의 지론이다. 반면에 랜돌프는 누구에게나 다듬어지지 않은 원석과 같은, 잠재된 능력이 있다고 믿었다. 그것을 스스로 발굴해내기만 한다면 누구라도 불행한 현실에서 벗어나 행복한 삶을 영위할 수 있다고 확신했다. 이처럼 서로 다른 가치관으로 인해 두 사람은 중요한 일을 결정할 때마다 언쟁을 벌이곤 했다.

"나도 자네의 주장에 어느 정도는 동의하네. 하지만 모험을 할 필요는 없지 않나. 안전한 배경을 가진 인물을 내세우자는 게 뭐가 잘못됐단 말인가?"

퍼킨스는 걸음을 멈추고 랜돌프를 바라보았다. 그는 랜돌프 앞에 얼굴을 들이밀고 검지로 자신의 코끝을 가리켰다.

"나를 보게. 내가 천재로 보이나? 그게 아니란 건 머리 좋은 자네가 더 잘 알 걸세. 나는 좋은 토양에 심어진 씨앗과 같네. 역경을 견딜 필요조차 없었단 말일세. 좋은 조건에서 나고 자랐다는 건 장점이지 단점이 될 수는 없네. 내가 자네보다 덜 힘들이고서 더 많은 투자 계획을 세우고 그 이익으로 더 많은 주식을 소유하고 있다는 걸 생각해보게. 그게 어디에서 나오는 힘이라고 생각하나? 믿을 수 있는 협력자가 얼마든지 있기 때문이네."

퍼킨스는 다소 격앙된 목소리로 자신의 주장을 피력했다. 랜돌프는 흥분한 퍼킨스의 얼굴을 바라보며 미소를 지었다.

"자네 부모의 재력이 자네로 하여금 그 무엇을 깨울 기회를 주지 않은 것은 사실이네. 자네는 특권을 누리고 있다고 생각하겠지만 내 생각은 좀 다르다네."

랜돌프는 동의할 수 없다는 퍼킨스의 반박에도 아랑곳하지 않고 계속해서 말을 이어나갔다.

"자네는 늘 긴 휴가를 꿈꾸지. 한 해도 빠뜨리지 않고 멋진 여행 계획을 세우지만 그때마다 새로운 투자 정보를 얻게 되거나 자네의 재산을 축낼지도 모르는 사건들이 터져서 늘 발목을 잡히

더군. 자네는 5분쯤 고민한 후에 여행사로 전화를 걸어 휴가를 취소하지. 학창시절부터 지금까지 자네는 지켜야 할 것이 너무 많은 사람이었네. 새로운 것에 도전해볼 기회조차도 주어지지 않았어. 자네에게 다른 어떤 능력이 있는지 알아볼 필요도 없이 자네는 어머니 배 속에 있을 때부터 정해진 길을 순순히 걸어왔을 뿐이네. 안 그런가?"

랜돌프의 말에 잠시 얼굴이 굳어졌던 퍼킨스는 한풀 꺾인 목소리로 변명을 늘어놓았다.

"휴가는 언제라도 떠날 수 있는 것 아닌가. 일은 때를 놓치면 많은 손해를 불러오지. 더구나 지금은 어려운 시기이고……."

랜돌프가 퍼킨스의 어깨를 가볍게 두드렸다. 랜돌프는 조용하지만 신념이 담긴 목소리로 퍼킨스를 설득했다.

"자네의 선택이 잘못되었다는 건 아닐세. 자네만큼 주어진 유산을 축내지 않고 잘 지켜낸 사람도 드물지. 확실히 자네는 성실하고 훌륭한 인재야. 하지만 지금 같은 불황에는 회사를 창의적으로 이끌어갈 사람이 필요하네. 슈마허 씨를 추천한 이유도 그 때문일세. 수많은 역경을 딛고 말단에서부터 올라온 슈마허 씨야말로 적당한 인물이라고 생각되지 않나? 신중하게 검토해보게."

두 사람은 다시 걸음을 옮겼다.

그날은 아침부터 하늘이 스산하더니

오후 들어 결국 비가 흩뿌리기 시작했다.

며칠째 굶주린 탓에 피터의 몸은 지칠 대로 지친 상태였다.

오전 내내 빵 한 덩이를 구하기 위해 거리를 배회했지만,

결국 아무것도 얻지 못했다. 피터는 모든 걸 체념하고

대형건물 처마를 지붕삼아 비를 피하고 있었다.

눈앞이 어찔어찔했다. 피터는 세상이 금방이라도 끝나버릴 것 같은

절망에 사로잡혀 있었다.

1장

Hope

피터,
희망으로 삶을 일으키다

Hope

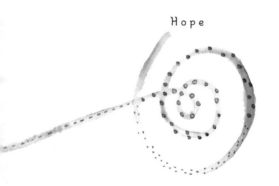

1

길모퉁이에 한 남자가 주린 배를 움켜쥐고 앉아 소리 없이 날리는 빗방울을 바라보고 있었다. 남자는 낡아서 곧 발가락이 삐져나올 것 같은 운동화를 신고, 허름한 양복 위에 빛바랜 코트를 걸치고 있었다.

그는 오래전에 일자리를 잃고 절망의 늪에서 허우적거리며 하루하루를 연명하고 있었다. 시에서 운영하는 보호소의 차가운 시멘트 바닥에서 밤을 보내고 먹을 것을 구하러 종일 거리를 돌아다니는 일이 그가 할 수 있는 전부였다. 그는 수개월 동안 부랑자로 떠돌아다녔지만 구걸에 탁월한 재주를 발휘하지 못해 굶주리는 날이 더 많았다. 버려진

개처럼 아무데서나 쓰러져 잠이 들고, 빵 한 조각을 구하려고 하루 종일 걷는 일이 일상이 되었다.

피터. 누구에게 불려본 지 오래되었지만 그것이 그의 이름이었다. 이 도시에 공황이 닥치기 전까지는 직장도, 작은 아파트도, 꿈도 있던 평범한 청년이었다. 하지만 수많은 사람들이 직장을 잃고 거리로 내쫓기기 시작하면서 그에게도 불행이 닥쳐왔다.

그가 다니던 회사는 소규모 업체들을 상대로 회계업무를 대행해주던 곳이었다. 불경기의 여파로 주요 고객들이 하나둘씩 떨어져 나가면서 적자가 누적되자 사장은 감원이라는 카드를 꺼내 들었다. 결국 그는 아무런 대책도 없이 실업자가 되었다. 피터가 해고를 당하던 날, 은행 계좌엔 겨우 서너 달분의 집세와 식료품을 살 최소한의 비용이 남아 있었다.

불행은 예고 없이 찾아온다는 격언은 피터가 처한 현실에 비해 너무도 평범하고 흔한 말이었다. 피터는 그 엄청난 불행이 턱밑에 입을 벌리고 다가왔을 때까지도 그것이 얼마나 무서운 괴물인지 알아보지 못했었다.

해고를 당하고 나서도 피터는 사태를 심각하게 여기지 않았다. 타고난 낙천성과 젊은 패기가 그를 여유롭게 만들었는지도 모른다. 그는 마음만 먹으면 곧 다른 직장을 얻을 수 있을 것이라 생각했다. 그는 휴가라도 얻은 듯이 일주일 정도 게으름을 피운 후에 느긋하게 일자리를 구하러 나섰다. 대학을 졸업하고 첫 직장에 취직하는 일이 시시할 정도로 쉽게 이루어졌으므로 그는 실직에 대한 두려움을 느껴본 적이 없었다. 피터는 신문을 뒤지며 방문할 회사들의 목록을 만들고 면접시에 받게 될 질문들을 예상해 경영주들의 구미에 맞는 답변까지 준비한 다음 집을 나섰다. 그러나 몇몇 회사를 방문한 그는 채 5분도 안 돼서 되돌아나오고 말았다. 면접은 고사하고 서류를 들이밀 기회조차 얻지 못했다.

곧바로 새 직장을 얻게 될 줄 알았던 피터는 한 달 동안무수히 많은 회사들의 문턱을 드나들며 거절당하기를 거듭하자 점차 두려움에 휩싸였다. 하루에 한 끼만 먹어도 가진돈이 눈에 띄게 줄어들었다. 그는 남은 돈이 바닥나기 전에어떻게든 새 일자리를 찾아보려고 부지런히 돌아다녔다. 피터는 자신의 학력과 그동안의 경력을 내보이며 수많은 대기업에 지원했지만, 현실은 냉혹했다. 경기침체가 장기화되면서 일자리에 비해 고급인력이 넘쳐났다. 그는 어느 정도현실을 직시하고 중소규모 업체에 지원을 하기 시작했다. 하지만 작은 규모의 회사 역시 그를 채용할 의사가 전혀 없음을 아는 데는 그리 오랜 시간이 걸리지 않았다. "지금은새로 직원을 뽑을 때가 아니오. 다른 일을 찾아보시오"라는 똑같은 답변이 돌아올 뿐이었다.

드디어 집세가 밀리기 시작했다. 남은 한 달분의 생활비로 3개월을 버텼다. 계속해서 집세가 밀리자 집주인은 그의 침대와 몇 가지 쓸 만한 물건들을 밀린 세 대신 내놓고 나가줄 것을 요구했다. 하는 수 없이 피터는 여행가방을 열고 세면도구들과 옷가지 몇 벌을 챙겨 넣었다. 막상 집을 나서려니 눈앞이 캄캄했다.

그는 창가로 다가가 시가지를 내려다보았다. 늘 무심히 내려다보던 풍경들이 낯설고 스산한 모습으로 시야에 들어왔다. 문득 가방 하나를 든 채 그 풍경 속으로 걸어 들어가는 자신의 뒷모습이 머릿속에 그려졌다. 가슴에 날카로운 통증이 파고들었다. 피터는 한동안 멍하니 방 한귀퉁이에 웅크리고 앉아 꼼짝도 하지 않았다. 방안에 조금씩 어둠이 깃들기 시작했다. 피터는 살아서 부랑자가 되느니 차라리 자신의 방에서 죽는 쪽을 택하는 편이 낫겠다는 생각이 들었다. 그는 갖가지 죽는 방법들을 생각하며 밤을 지새웠다. 하지만 수중에는 약을 살 돈조차 남아 있지 않았고, 목을 매거나 욕조에 누워 손목을 긋는 일은 생각만 해도 몸서리가 쳐졌다. 밤새 끔찍한 공상으로 한숨도 잠을 이루지 못한 피터는 새벽녘이 되어서야 가방을 끌고 집을 나섰다.

거리로 나섰을 때, 주머니 속에는 동전 몇 닢이 남아 있을 뿐이었다. 옷가지와 간단한 생필품이 담긴 가방을 끌고서 길거리를 배회하는 동안 차츰 가방 속 물건들도 하나씩 줄어들었다. 쓸 만한 물건들은 모두 빵 한 덩이와 바꾸든가 하룻밤을 보낼 지붕 밑 자리를 빌리는 데 사용되었다. 마지막으로 빈 가방을 내주고 나자 그에게 남은 것이라고는 신고 있는 운동화와 입고 있는 옷 한 벌, 그리고 얇은 외투 한 장이 전부였다.

거리의 부랑자가 된 피터는 인적이 드문 곳으로만 떠돌았다. 누군가 자신을 알아보게 될까 봐 두려웠기 때문이다. 그러나 후미진 곳에서 다른 부랑자들에게 목숨을 위협당하는 일을 겪고 나자 그는 수치심마저 내던져버리고 거리 한복판으로 나섰다.

구걸을 처음 시작했을 때도 냉정한 거절이나 사람들이 내뱉는 거친 욕설에 강한 분노와 수치심을 느꼈지만 날이 갈수록 그 감정들은 무뎌져갔다. 굶주림은 가장 견디기 어려운 고통이었으므로 수치심 따위는 전혀 장애가 될 수 없었다. 점차 그는 진정으로 동정을 받기 원하게 되었다. 누구라도 자신을 보고 딱하게 여겨 빵 한 덩이를 내주기만 한다면 비굴한 구걸쯤은 얼마든지 할 수 있었다. 영혼의 불이 꺼지고, 육체에 남은 질긴 생명력만이 하루하루 목숨을 이어가는 유일한 이유였다.

그날은 아침부터 하늘이 스산하더니 오후 들어 결국 비가 흩뿌리기 시작했다. 며칠째 굶주린 탓에 피터의 몸은 지칠 대로 지친 상태였다. 오전 내내 빵 한 덩이를 구하기 위해 거리를 배회했지만, 결국 아무것도 얻지 못했다. 피터는 모든 걸 체념하고 대형건물 처마를 지붕삼아 비를 피하고 있었다. 눈앞이 어찔어찔했다. 피터는 세상이 금방이라도 끝나버릴 것 같은 절망에 사로잡혀 있었다.

그때 두 명의 남자가 그의 앞을 지나갔다. 피터의 몸이 저절로 일으켜졌다. 삶에 대한 본능이 텅 빈 머릿속과는 상관없이 몸을 움직였다. 그는 안간힘을 써서 몇 발짝을 뗀 후, 걸어가는 남자의 옷자락을 붙들었다. 옷자락은 피터의 손을 빠져나갔지만 다행히 남자가 가던 걸음을 멈추고 돌아섰다. 피터는 절박한 목소리로 그의 동정심에 호소했다.

"배가 고파요. 도와주세요."

힘없는 목소리로 겨우 말해놓고 나서 피터는 앞에 있는

남자의 행색을 살폈다. 수수한 차림에 평범한 얼굴이었다. 피터는 도움을 청할 상대를 잘못 고른 건 아닐까 불안해졌다. 그도 자신처럼 직장을 잃어 주머니에 한 푼도 없이 일거리를 찾아다니는 처지일지 모른다는 생각이 들었다. 어딜 가나 그런 사람들이 더 많은 시기였다.

남자도 피터의 행색을 찬찬히 살피고 있었다. 남루한 코트 자락과 봉제선이 터진 신발, 덥수룩해진 머리에 얹힌 낡은 모자……. 남자는 피터의 움푹 꺼진 눈을 들여다보았다. 그의 관심어린 눈빛에 희망을 얻은 피터는 지푸라기라도 잡는 심정으로 남자의 팔을 붙잡았다.

남자는 한동안 말없이 피터의 얼굴을 바라보다가 차분한 목소리로 말을 건넸다.

"허기를 채우고 난 후에는 뭘 할 거요?"

남자의 팔에 의지해 겨우 서 있던 피터의 다리가 후들거렸다. 수개월 동안 거리에서 빵을 구걸해왔지만 이런 질문을 받은 건 처음이었다. 남자의 표정은 진지했다. 피터는 머리를 긁적이며 멋쩍게 대답했다.

"어디 가서 일자리를 구해봐야죠."

"구해본다구요?"

남자가 되물었다.

"그럼요. 별로 가능성은 없겠지만, 수개월 동안 제가 해온 일이라곤 먹을 것을 구걸하고 일자리를 구하러 다니는 거였어요. 아시겠지만 요즘 일자리를 구하기란 하늘의 별따기보다 더 힘들죠. 지금은 당장 먹을 것이 더 급하답니다. 사흘도 넘게 굶었거든요. 제발 절 좀 도와주세요. 제게 먹을 것을 주세요."

피터는 있는 힘을 다 짜내 자신의 처지를 설명했다.

순간 남자가 냉정한 눈빛으로 피터를 쳐다보며 뒤로 한발 물러섰다.

"아니요, 난 당신을 도울 수 없어요. 누구라도 당신을 도울 수 없을 겁니다."

피터는 실망했지만 물러서지 않고 한 번 더 매달렸다.

"알아요. 하지만 당장 먹을 것을 좀 나눠줄 수는 있잖아요."

원망 섞인 피터의 말에 남자가 다시 차분한 목소리로 대답했다.

"당신에게 필요한 것은 먹을 것이 아니오."

피터는 다소 퉁명스런 목소리로 물었다.

"그럼 뭐란 말입니까?"

"바로 당신 안에 있는 것, 그것을 깨우는 게 더 급하오. 그것이 당신을 불행에서 건져줄 빵이 될 거요."

"그……것이라니? 지금 죽어가는 사람에게 고작……."

희망이 꺼지자 가까스로 곧추세웠던 피터의 몸이 무너져 내렸다. 자리를 뜨려던 남자가 다시 피터에게로 다가왔다. 남자는 안타까운 듯 피터를 바라보며 어깨에 손을 얹었다. 얄팍한 몇 겹의 옷감 위로 따뜻한 기운이 전해졌다. 그는 이 미약한 온기를 놓치지 않고 붙잡고 싶었다. 피터는 남자가 자신에게 무언가를 나눠주려 한다는 것을 느꼈다. 피터는 그것이 제발 한 조각의 빵이었으면 하고 바랐지만, 그건 아닌 듯했다. 그가 최면술사처럼 피터의 코앞에서 손가락을 딱 하고 튕겼다.

"달걀을 한번 생각해볼까요? 달걀은 살짝만 부딪혀도 깨 시고 마는 약한 껍질에 둘러싸여 있죠. 껍질 안에는 물렁하고 엉성하기 짝이 없는 단백질 혼합물이 들어 있소. 하지만 그것이 달걀의 전부는 아니오. 껍질을 깨고 부화하기만 하면 완벽한 생명체가 되는 것이지요. 놀랍지 않나요? 달걀 껍질 안에 그 모든 재료가 갖추어져 있었다는 게. 딱딱한

부리와 보드라운 깃털, 뼈와 살이
모두 들어 있단 말이오."

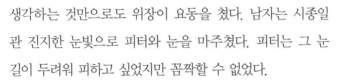

피터는 멍한 표정으로 남
자의 얼굴을 바라보았다. 달
걀을 생각하니 저절로 입안
에 침이 고였다. 따뜻한 달걀
프라이를 먹어본 게 언제였을까.
생각하는 것만으로도 위장이 요동을 쳤다. 남자는 시종일
관 진지한 눈빛으로 피터와 눈을 마주쳤다. 피터는 그 눈
길이 두려워 피하고 싶었지만 꼼짝할 수 없었다.

"다른 무엇이 더 필요한 게 아니오. 당신이면 충분해요.
당신이 그 모든 것을 다 가지고 있단 말이오. 스스로 방법
을 찾아내세요. 누군가 성급히 당신을 도우려 한다면 당신
이 잠재력을 다 꺼내기도 전에 모든 것을 망쳐버리는 꼴이
될 뿐이오."

피터는 이 이상한 남자의 눈빛과 목소리에서 왠지 모를
편안함을 느꼈다. 그의 눈 속에 자신에 대한 멸시나 경멸이
들어 있지 않다는 것을 피터는 본능적으로 느꼈다. 일말의
연민조차 엿보이지 않았다. 오히려 피터 자신이 가지고 있

35

는 값진 무엇인가를 보고 있는 것처럼 느껴졌다. 그것을 알아차리지 못하는 상대에 대한 안타까움이 그의 표정에 묻어났다. 오랜만에 피터의 가슴속에서 미약하나마 수치심이 고개를 쳐들었다. 실로 짧은 순간이었다. 수치심은 깜깜하게 불이 꺼진 피터의 영혼을 가로지르며 날카로운 통증을 일으켰다. 피터는 남자의 옷자락이라도 붙들고 그가 전달하고자 하는 말들의 의미를 알아낼 때까지 이야기를 나누고 싶었다. 그는 빵을 구걸할 때보다도 더 간절한 마음으로 남자에게 다가갔다.

그때 줄곧 남자의 뒷전에 서 있던 또 다른 남자가 다가왔다.

"이봐, 랜돌프! 다 부질없는 짓일세. 어서 가세. 저런 사람이라면 거리마다 발길에 차일 정도로 많지 않은가. 그가 자네 말뜻을 알아듣기나 하겠나?"

그가 남자의 팔을 잡아당겼다. 남자는 급히 코트 주머니에서 명함 한 장을 꺼내 피터에게 건넸다.

　"당신이 그 껍질 속에서 빠져나오게 되면 나를 찾아오시오."

　피터는 남자를 조금이라도 더 붙잡고 싶은 욕망을 누르며 퉁명스럽게 말했다.

　"내가 왜 당신을 찾아간단 말입니까?"

　"당신을 일깨워줬잖소. 내게 감사해야지요. 잊지 마시오. 당신은 지금 누구의 보살핌이 필요한 게 아니라, 스스로 껍질을 벗기 위한 '그 무엇'이 필요한 거요."

　피터는 주춤거리며 뒤로 물러났다. 남자는 기어이 피터의 손에 명함을 쥐어주고서 발길을 돌렸다. 돌아서 걸어가는 남자 일행의 목소리가 피터의 귀에 희미하게 들려왔다.

　"자넨 쓸데없이 명함을 뿌리는구먼……. 그렇게 뿌린 명함을 들고 한 사람이라도 성공해서 자네를 찾아온 자가 있었나? 있을 리 없지……."

　피터는 빵을 살 수도 없는 명함 따위를 건네받게 된 것이 못내 실망스러웠다. 그러나 욕설과 냉대 대신 친구를 바라보는 듯한 눈빛으로 다른 사람들과는 다른 말을 건넨 남자의 강렬한 기세에 눌려 받은 명함을 주머니에 넣었다.

피터는 남자가 동행과 함께 멀어져가는 모습을 지켜보다가 다시 앉았던 자리로 돌아왔다. 하지만 더 이상 건물 귀퉁이에 앉아 남이 던져주는 빵을 기대하고 있을 수 없었다. 좀 전에 만났던 남자의 눈빛이 피터의 머릿속을 떠나지 않았다. 그의 목소리는 피터가 수개월 동안 몸에 켜켜로 껴입은 절망의 덧옷을 벗기려 하고 있었다. 칠흑 같은 어둠으로 뒤덮인 머릿속에서 작은 불씨 하나가 다시 깜빡이기 시작하는 느낌이었다. 그 미묘한 느낌은 피터를 조바심 나게 만들었다. 그것을 꺼뜨리지 않기 위해 그는 무엇이든 해야만 할 것 같았다. 피터는 주머니에 손을 넣어 명함을 만지작거려 보았다.

잠시 후 그는 자리에서 일어나 저린 다리를 끌며 걸음을 떼어놓았다. 몇 걸음 내딛자 다리가 후들거렸고, 눈앞이 캄캄해졌다. 절망이 또다시 천근 같은 무게로 피터의 발목을 잡아당겼다. 하지만 그는 걷기를 멈추지 않았다.

"그 무엇이라고?"

피터는 입속말로 중얼거려 보았다.

"이미 내 안에 있는 그 무엇?"

그의 머릿속에선 한 덩이의 빵 말고는 더 중요한 것이 떠오르지 않았다. 피터는 모퉁이를 돌아 시 보호소로 가는 길목으로 접어들었다. 먹을 것을 구할 수 없다면 일찌감치 보호소에 가서 쉬어야겠다고 생각했다. 잠을 푹 자고 나면 조금은 생각할 힘이 모아질 것 같았다.

아침부터 내린 비 때문에 많은 부랑자들이 일찌감치 보호소로 모여들었다. 어림잡아 보아도 보호소에 수용할 수 있는 정원을 초과한 상태였다. 피터는 처음 보호소에서 잠들었던 날을 떠올렸다.

밤새 어둠을 틈타 훔쳐갈 물건을 찾는 손길이 노골적으로 주머니를 더듬었고, 잠든 사람들이 내는 신음 소리는 피터의 꿈결을 어지럽혔다. 스스로 보다 힘이 있다고 믿는 자들은 서넛씩 패거리를 지어 부랑자들의 쓸 만한 옷가지나 소지품들을 노렸다. 피터처럼 새로운 얼굴이 나타나면 그들의 눈길은 시종일관 따라붙었고, 급기야는 가진 것을 모두 잃게 되었다. 피터는 더 이상 잃어버릴 것이 남아 있지 않게 되어서야 비로소 사지를 펴고 잠들 수 있었다.

피터의 낡아빠진 코트나 구멍 난 운동화 따위는 더 이상

표적이 되지 않았다. 하지만 그는 궂은 날이 아니라면 차라리 밖에서 자는 쪽을 택했다.

피터는 멀찌감치 서서 몰려든 사람들을 바라보다가 이내 포기하고 발길을 돌렸다. 그는 목적지도 없이 무작정 거리를 배회했다. 곧 어둠이 깔리고 사람들의 발걸음이 빨라졌다. 무심히 건물들을 바라보며 걷던 피터의 눈에 당구장 간판이 들어왔다. 그는 비에 젖은 몸으로 스며드는 한기를 느끼며 당구장 계단을 올라갔다. 안으로 들어서니 따뜻한 공기가 피터의 몸을 감쌌다. 사람들의 시선이 없는 쪽 구석에 자리를 잡고 앉자 스르르 눈이 감겼다.

피터의 머릿속에선 세상이 빙빙 도는 것 같은 현기증이

일었다. 당구 테이블 위에서는 여러 가지 색깔의 공들이 무심히 구르다가 둔탁한 소리를 내며 부딪치곤 했다. 사람들의 시선은 당구 테이블 위에 집중되어 있었고, 덕분에 피터에겐 몸을 녹일 시간이 주어졌다. 따뜻한 기운이 피터의 몸을 노곤하게 녹이기 시작했다. 흥얼거리는 콧노래 소리, 규칙적으로 달그락거리는 소리, 테이블 가장자리를 두드리는 소리들이 단조로운 노랫가락처럼 피터의 머릿속에서 현기증이 일듯 빙글빙글 돌았다. 피터는 생각의 끈을 놓지 않으려고 정신을 집중해보았지만 그럴수록 혼곤한 잠 속으로 빨려들어갔다.

피터는 기지개를 켜며 긴 잠에서 깨어났다. 그는 몸을 일으켜 당구장 구석에 웅크리고 앉아 있는 자신을 내려다보았다. 꿈속의 그는 몸도 마음도 가벼운 상태였다. 두려움도 배고픔의 고통도 더 이상 느껴지지 않았다. 그는 조용히 잠들어 있는 남루한 자신을 내려다보고 있었다.

'저것이 나인가? 불과 일 년 전까지만 해도 평범한 젊은이들이 흔히 가지는 자잘한 희망들을 품고서 내일이, 또 다른 내일이 다가오기만을 고대하며 살고 있었는데……'

피터는 고통으로 얼굴이 일그러진 채 잠들어 있는 자신을 찬찬히 들여다보았다. 몇 시간 전 길에서 만났던 남자처럼 자신에 대한 동정심도 혐오감도 없는 눈으로 마치 낯선 다른 사람을 보듯이…….

불현듯 피터의 귀에 또렷한 목소리가 들려왔다.

"허기를 채우고 나면 무얼 할 거요?"

피터는 남자의 질문과 함께 당장 허기를 채우기 위해 돈을 받아든 자신의 모습을 상상해보았다. 그러자 돈을 들고 달려가 허겁지겁 배를 채우는 자신이 떠올랐다. 그런 다음 편히 잠들 곳을 찾고, 그렇게 연장된 목숨에 안도하며 하루 이틀을 보내고 다시 거리로 나와 더욱 적극적으로 낯선 사람들의 옷자락을 붙들고 있는 모습이 활동사진처럼 눈

앞에 펼쳐졌다. 남자의 목소리가 참담하게 서 있는 피터의
가슴을 때렸다.

　"당신이면 충분하오. 당신 안에 모든 것이 들어 있소. 누
구나 그렇지만 당신에게도 모든 것이 있단 말이오. 절망도,
희망도, 신념도, 기쁨도, 슬픔도 모두 들어 있소. 당신은

그 안에서 먼저 무엇을 꺼내고 싶소?"

피터는 잠든 자신의 어깨에 손을 얹고 주술이라도 걸듯
또렷한 발음으로 중얼거렸다.

"이 안에 모든 것이 있다고? 그렇다면 지금 내가 꺼내고
싶은 건 바로 신념이오."

누군가 피터의 어깨를 거세게 흔들었다. 순간 피터는 잠
에서 깨어났다. 현실과 꿈속을 분간하지 못하고 멍하니 앉
아 있는 피터의 귀에 거칠고 성마른 목소리가 날아들었다.

"이봐! 여기서 썩 꺼지지 못해? 내가 너 같은 부랑자에게
공짜 잠자리나 제공하려고 장사하는 줄 알아? 자고 싶으면
다른 데 가서 자란 말이야! 에이, 적자를 면하기도 어려워
죽겠는데 매일 이런 것들이 기어들어와 속을 썩인다니까."

피터는 사내의 성난 목소리를 뒤로하고 비칠비칠 당구장
계단을 내려갔다. 그런데 이상하게도 가슴속에선 시원한
샘물처럼 무언가 자꾸만 솟아나는 것 같은 기분이 들었다.
비는 그쳐 있었고, 구름 저편으로 말간 하늘이 모습을 드
러냈다. 피터는 걸음을 떼어놓으며 무심코 중얼거렸다.

"이제 곧 태양이 모습을 드러낼 거야."

1. 사람들은 대부분 행복과 불행을 동시에 지니고 있다. 무엇을 선택하는
   지는 스스로의 몫이다.

2. 자신의 내면에 잠들어 있는 가능성을 깨워라. 성공하기 위해 필요한
   모든 요소는 다른 곳이 아닌 우리 안에 이미 준비되어 있다.

3. 달걀은 엉성하기 짝이 없는 단백질 덩어리에 불과하다. 하지만 그 안
   에는 한 마리의 새를 탄생시킬 수 있는 모든 것들이 갖춰져 있다.

4. 우리는 늘 당장의 배고픔과 어려움을 극복하기 위해 극적인 행동을
   한다. 당장의 배고픔에서 벗어나기 위한 한 덩이의 빵이 아니라, 불행
   의 근본으로부터 벗어날 수 있는 영혼의 빵을 취하는 것이 더욱 시급
   하다.

5. 스스로 자신의 인생 가운데 가장 불행한 시기를 겪고 있다고 생각된
   다면 그대로 계속 나아가라. 스스로 몸을 움직여 그 고통의 거리를 지
   나가지 않고는 더 나은 곳으로 나아갈 수 없다.

"와, 무지개다!"

피터는 소년의 목소리에 놀라 고개를 들고 하늘을 올려다보았다.

멀리 산자락 위로 선명한 무지개가 걸려 있었다.

소년은 곧 노래라도 부를 듯

무지개를 향해 깡충깡충 뛰었다.

"피터 아저씨, 내일은 틀림없이 날씨가 맑을 거예요, 그렇죠?"

피터는 무지개를 쳐다보며 힘주어 대답했다.

"그래, 반드시 그렇게 될 거야."

2장

Change

두려움을 떨치고
변화를 갈망하라

Change

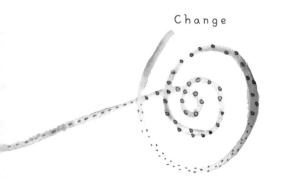

　도시를 뒤덮고 있던 검은 구름 사이로 태양이 모
습을 드러내며 거리 곳곳에 잠들어 있는 냉기를 벗
겨냈다.

　피터는 쓰고 있던 너덜너덜한 모자를 벗어 쓰레기더미
위에 던져버렸다. 하늘을 가리고 있던 검은 구름과 함께 피
터의 낡은 모자도 그의 하늘에서 걷혀졌다. 피터는 허리를
꼿꼿하게 편 후 또박또박 걸음을 떼어놓았다. 현재 자신의
처지를 인정하고, 진정으로 나에게 필요한 것이 무엇인지를
알고 나자 마음속 무거운 구름마저 걷히는 것 같았다.

　그때 작은 체구의 소년이 피터의 곁을 지나갔다. 소년은 꽤 많은 짐 꾸러미들을 들고 언덕길을 몇 걸음 오르더니 이내 멈춰 서서 숨을 골랐다. 평소 같으면 자신이 지고 있는 불행의 무게가 더욱 무거워 누구를 도울 힘 따위는 없다고 여겼을 그가 선뜻 소년에게 다가가 손을 내밀었다.

"내가 좀 들어줄까?"

그러자 소년이 반가운 얼굴로 들고 있던 짐을 절반쯤 덜어서 피터에게 건넸다. 소년의 이마엔 땀방울이 송골송골 맺혀 있었다.

"고맙습니다."

피터는 자신에게 경계심을 보이지 않는 소년을 보고 용기를 내어 이름을 물어보았다. 소년은 명랑한 목소리로 대답했다.

"제 이름은 바비예요. 아저씨는요?"

"난 피터란다."

소년이 숨을 헐떡이며 물었다.

"저는 저기 윗동네까지 가야 하는데 아저씨는 어디 가세요?"

피터는 주저 없이 대답했다.

"나도 윗동네에 간단다."

소년은 잠시 숨을 고르더니 다시 물었다.

"아저씨는 어떤 일을 하는 분이세요?"

피터는 짧은 순간 어찌 대답해야 할지 갈등하다가 자신
있게 말했다.

"지금은 너를 위해 일하지. 물론 대가는 받지 않을 거지
만. 참 좋은 일이지?"

소년은 한참 동안 피터의 얼굴을 올려다보았다. 피터도 미소 띤 얼굴로 소년을 마주 보았다. 소년이 머리를 끄덕이며 말했다.

"네, 좋은 일이에요. 그럼 아저씨는 날 위해 보내진 사람이네요?"

"아니, 난 스스로 왔어. 네가 일을 다 마칠 때까지 도와주기 위해서."

소년은 생각에 잠겨 말없이 걸음을 떼었다. 두 사람은 같은 목적지를 향해 걸음을 재촉했다. 갑자기 소년이 쾌활한 목소리로 외쳤다.

"와, 무지개다!"

피터는 소년의 목소리에 놀라 고개를 들고 하늘을 올려다보았다. 멀리 산자락 위로 선명한 무지개가 걸려 있었다. 소년은 곧 노래라도 부를 듯 무지개를 향해 깡충깡충 뛰었다.

"피터 아저씨, 내일은 틀림없이 날씨가 맑을 거예요. 그렇죠?"

피터도 무지개를 쳐다보며 힘주어 대답했다.

"그래, 반드시 그렇게 될 거야."

배달을 마친 피터와 바비는 가벼운 걸음으로 다시 언덕을 내려가 번화가로 접어들었다. 바비는 궁금증을 참지 못하고 다시 피터에게 물었다.

　"저는 저기 보이는 백화점에서 일해요. 아저씨는 무슨 일을 하세요?"

　피터는 확신에 찬 목소리로 말했다.

　"아저씨도 곧 직업을 얻게 될 거란다. 반드시 그렇게 될 거야."

　바비는 호기심 가득한 눈으로 피터를 올려다보았다. 피터는 어느 때보다도 밝은 얼굴로 웃어주었다. 바비의 얼굴에도 미소가 떠올랐다.

　백화점에 다다르자 바비는 피터에게 머리를 숙여 인사한 다음 백화점 안으로 뛰어 들어갔다. 피터도 바비를 따라 안으로 들어갔다. 피터는 바비가 사라진 매장 뒤편으로 걸어 들어가 한창 작업 중인 창고 안을 기웃거렸다. 중년의 한 남자가 피터를 발견하고는 다가와 물었다.

　"무슨 일로 오셨습니까?"

　피터는 어깨를 펴고 목소리에 힘을 주어 대답했다.

　"일하러 왔습니다."

남자는 서류가 끼워진 보드를 들여다보며 다시 물었다.

"소속이 어딘가요? 누가 당신을 보냈죠?"

피터는 잠시 대답할 말을 생각하며 서 있었다. 그때 누군가 급히 남자를 불렀다. 남자는 피터에게 잠시 기다리라는 수신호를 남기고는 건물 안으로 사라졌다. 창고 안에는 배송할 물건들이 잔뜩 쌓여 있었다. 몇 명의 사람들이 분주히 물건을 상자에 담아 포장하고 있었다.

한쪽 벽에 작업자들이 벗어놓은 외투가 나란히 걸려 있

는 게 눈에 들어왔다. 피터는 낡은 코트를 벗어 빈자리에 걸어놓고 작업대 앞으로 다가가 포장을 돕기 시작했다. 처음에는 옆 사람을 보고 따라하느라 서툴렀지만 30분쯤 지나자 점차 일이 손에 익었다.

쉴 새 없이 밀려드는 상품들 때문에 급한 용무조차 볼수 없었던 작업자들이 조금씩 여유를 갖기 시작했다. 허리를 펴기도 하고, 서로 이야기도 나누었다. 피터는 부지런히 손을 놀려 일이 밀리지 않도록 조절했다. 비로소 정상화된

작업장의 모습을 보며 한 사람이 중얼거렸다.

"아무리 불황이어도 그렇지 적은 인원으로 이렇게 많은 일을 처리하라니……. 그동안 숨 쉴 틈도 없었는데 이제야 사람을 보충해주었군."

피터는 허기진 몸으로 작업을 하느라 눈앞이 어찔어찔했지만 속도를 늦추지 않았다. 그의 정신은 어느 때보다도 명료했고, 기분은 날아갈 것 같았다. 잠시 후 입구에서 만났던 남자가 허둥지둥 돌아와 피터를 가리키며 말했다.

"정신없이 바빠서 기다리라고 했던 당신의 존재를 잊고 있었군요. 이 포장실에 임시로 채용된 사람인가요?"

피터는 작업을 계속하며 대답했다.

"네, 피터 앤드류스입니다. 열심히 하겠습니다."

남자는 작업이 원활하게 돌아가는 모습을 지켜보며 뭔가 물으려다가 그만두고 서류에 펜으로 몇 자 끄적이더니 자리를 떠났다.

작업은 곧 종료되었다. 피터는 사람들과 함께 작업주임의 책상 앞에 줄을 섰다. 사람들은 자신의 차례가 되면 번호표를 내고 작업시간을 체크한 다음 일당을 받았다. 피터는 작업반장에게 번호표를 받아오라는 지시를 받았다. 작업반장은 처음 피터가 작업실에 들어섰을 때 만났던 남자였다. 그는 두말할 것도 없이 피터에게 번호표를 떼어주었다. 피터에겐 두 시간 분의 급료가 지급되었다. 돈을 받아든 피터의 손은 기쁨으로 떨렸다.

피터가 코트를 입고 안주머니에 있는 돈을 매만지고 있을 때, 낮에 만났던 바비가 다가왔다. 바비는 의아한 표정으로 피터에게 물었다.

"어떻게 여기서 일자리를 구했어요?"

피터는 빙그레 웃으며 바비의 어깨를 툭 쳤다.

"실은 너를 만났을 때부터 여기에 내 일자리가 정해져 있었단다."

바비는 호기심에 찬 눈빛으로 다시 물었다.

"누가 아저씨의 일자리를 마련해두었나요?"

피터는 소년의 어깨에 팔을 두르고 백화점을 나서면서 말했다.

"내 안에 들어 있는 신념, 그리고 '그 무엇'이 그렇게 했단다."

바비가 깡충 뛰어오르며 피터의 옆구리를 어깨로 장난스럽게 치받았다.

"에이, 날 놀리는 거죠? 오늘도 열 명이 넘는 사람이 일자리를 얻기 위해 찾아왔지만 모두 퇴짜를 맞고 돌아갔단 말이에요."

피터가 조용히 웃었다. 그는 어두워진 하늘을 올려다보았다.

"바비, 하늘에 별이 총총히 떠 있는 게 보이니?"

"하나도 안 보이는걸요."

"하지만 별은 있잖아. 네온 불빛 때문에 보이지 않을 뿐이지 항상 그 자리에 있는 거란다."

바비는 피터의 말들이 이해되지 않는 눈치였다. 바비는 이내 호기심 가득한 눈빛으로 다가서며 말을 걸었다.

"그런데 아저씨는 어디에 살아요?"

바비의 물음에 피터는 불과 하루 전날 밤에 느꼈던 절망감을 기억해냈다. 해가 지면 잠자리를 구하는 일 때문에 고민하던 날들이 떠올랐다. 매일 절망에 절망을 덧대면서 하루하루를 살았는데, 이상하게도 지금은 어두워진 거리가 두렵지 않았다. 피터는 바비의 어깨에 팔을 두르면서 대답했다.

"지금부터 잘 곳을 찾을 거야. 반드시 찾게 될 거야."

바비는 선물이라도 받은 아이처럼 기뻐하며 피터의 앞을 막아섰다.

"그럼 우리 집으로 가요. 엄마가 남는 방 하나에다 하숙을 시작하려고 해요. 우리 엄마는 요리솜씨도 최고이고, 누구보다도 따뜻하게 대해주실 거예요. 아저씨는 방금 일자리도 구했으니까 하숙비를 낼 수 있잖아요. 어때요?"

바비의 집은 낮에 올라갔던 마을의 반대편 언덕에 있었다. 낡고 아담한 집이었지만 실내는 깔끔하게 정돈되어 있었다. 현관에 들어서자 빵 굽는 냄새가 피터의 코를 자극했다. 바비의 어머니가 부엌에서 저녁 준비를 하고 있는 모양이었다. 피터의 배 속에서 오래된 허기가 요동을 치기 시작했다. 바비는 먼저 집 안으로 달려 들어가 하숙생을 데려왔다고 말했다. 빵 냄새를 맡으며 고통스럽게 현관에 서 있던 피터는 곧바로 부엌으로 안내되었고, 소박하게 차려진 저녁 식탁에 자리를 얻게 되었다.

바비의 아버지가 먼저 자신을 소개했다. 그는 작은 체구에 보글보글한 수염을 기르고 있었다. 머리는 모두 빠져 반들반들 윤이 났고, 뾰족한 매부리코에 두툼한 안경을 걸치고 있었다. 일 년 전까지 근처 대학에서 사회복지학과 교수로 일했는데, 지금은 논문을 쓰기 위해 잠시 쉬면서 자료를 수집하는 중이라고 했다. 피터는 그도 실직자임을 알아차렸다. 그의 눈빛이 그렇게 말하고 있었다.

음식을 준비하느라 분주한 바비의 어머니는 퉁퉁하고 편안해 보이는 인상이었다. 그녀는 낡은 옷차림에 깡마르고 허약해 보이는 피터를 측은한 눈길로 바라보았다. 피터가 바비의 아버지와 이야기를 나누는 동안 그녀는 음식 준비를 끝내고 자리에 앉았다.

피터는 음식냄새를 맡으며 가만히 앉아 있기가 몹시 괴로웠지만 참을성 있게 식사가 시작되기를 기다렸다. 바비의 아버지는 새로 온 하숙생을 환영한다는 인사치레와 가족 소개를 길게 늘어놓았다. 피터는 눈앞에 펼쳐진 꿈같은 식탁이 신기루가 아니기를 기도하며 마음속으로 힘주어 되뇌었다

'나는 행복해질 거야. 반드시 그렇게 될 거야.'

바비는 빵을 뜯으면서 하루 일과를 장황하게 늘어놓았다. 피터를 만나게 된 이야기며, 일자리를 얻기까지의 과정, 그리고 마침 하숙집을 구하고 있었다는 말까지 하고 나자

두 부부가 신기한 인연이라는 듯 아들과 피터의 얼굴을 번갈아 바라보았다. 피터는 먹는 데 열중해서 그들이 나누고 있는 이야기가 마치 먼 곳에서 들려오는 희미한 소음처럼 느껴졌다.

피터는 평생 이렇게 향긋하고 신선한 샐러드는 처음 먹어보는 듯했다. 갓 구운 빵의 따뜻하고 보드라운 감촉은 콧노래라도 흥얼거리고 싶을 만큼 행복감을 안겨주었다. 피터는 천천히 저녁 식사를 음미하고 싶었지만 접시 위에 올려진 한 덩이의 빵은 순식간에 사라져버렸고, 수프와 샐러드도 어느새 흔적도 없이 비워졌다.

허기를 면하고 나자 비로소 피터의 귀에 바비 아버지의 목소리가 들려왔다.

"내가 꼬치꼬치 따지고 캐묻길 좋아하는 사람이라고 생각하지는 말아주었으면 합니다. 그러나 나는 당신이 어떤 사람인지 궁금하군요."

그의 조심스럽고도 막연한 질문에 피터는 잠시 할 말을 잃었다.

"네?"

그는 좀 더 구체적으로 질문을 던졌다.

"실례가 될지 모르겠지만 왠지 모르게 당신이 사회학을 전공한 사람일 거라는 생각이 드는군요. 아닙니까?"

피터가 웃음을 터뜨리자 그는 이내 민망한 표정을 지으며 자신의 추측이 어디서부터 비롯된 것인지 설명을 덧붙였다.

"바비의 이야기를 들으니 당신은 아들의 배송 일을 따라다니며 도왔더군요. 포장실에서도 일했고요. 요즘은 여간해서 새 일꾼을 뽑는 일이 없습니다. 일자리를 구하는 사람은 많아도 들어갈 자리가 없다 보니 이직률도 그 어느 때보다 낮지요. 그러니 때마침 당신이 들어갈 자리가 비어 있었다는 말에는 다소 무리가 있어요. 그래서 내린 결론입니다. 당신은 일하는 사람들의 작업환경을 조사하는 임무를 띤 사람이 아닐까 하고요. 아닌가요?"

피터는 거의 확신을 가지고서 자신의 직감에 대해 설명하는 그를 실망시키고 싶지 않았다. 그래서 그는 조용히 웃으며 대답했다.

"사회학을 전공하지는 않았지만 저는 지금 함께 일하고 있는 사람들에 대해 많은 관심을 가지고 있습니다. 바비의 일도 그렇고요."

피터의 말에 바비 아버지의 얼굴이 환해졌다. 그는 의자를 피터 쪽으로 가까이 끌어당겨 앉더니 더욱 진지한 목소리로 말했다.

"내 그럴 줄 알았지. 그렇다면 나를 좀 도와주시겠소? 실은 내가 요즘 그 주제에 관한 논문을 쓰고 있는 중입니다. 당신이라면 내가 고민하고 있는 문제에 대해 해답을 줄 수도 있을 것 같군요."

피터는 오랜만에 위장으로 음식이 들어간 후여서 몹시 노곤했고, 지친 몸은 무너지기 일보 직전이었다. 그는 방으로 들어가 몸을 누이고 싶은 마음이 간절했다. 그러나 초면에 그런 무례를 범할 수는 없는 노릇이었다. 피터는 정신을 가다듬고 그의 말에 귀를 기울였다.

"이를테면 이런 거지요. '거의 같은 능력을 가지고 출발했음에도 불구하고 어떤 사람들은 성공하고 어떤 사람들은 낙오자가 되도록 만드는 것은 무엇인가?' '낙오자들로 하여금 자신들이 처한 상황에서 헤어나지 못하고 계속해서 아래로 떨어지도록 만드는 것은 무엇인가?' 그리고 또 하나, '상위계층 열 사람이 하위계층 만 명이 가진 것보다 더 많은 것을 소유하도록 만드는 것은 무엇일까?'와 같은 주제

들에 대한 해답을 구하는 거요. 어떻소? 과연 당신이 하는 일이라면 충분히 구체적인 자료를 수집하는 게 가능하지 않겠소?"

피터는 고개를 끄덕였다. 그는 기쁨을 감추지 못하고 피터에게 악수를 청했다. 피터는 기꺼이 그의 손을 마주 잡았다. 그는 큰소리로 웃으며 피터에게 물었다.

"그래, 당신 생각은 어떻소? 이 모든 것이 대체 무엇 때문이라고 생각하오?"

피터는 주저 없이 대답했다.

"그것은 바로, '그 무엇' 때문이죠."

그가 의아한 표정으로 다시 물었다.

"'그 무엇?' 무슨 뜻이죠? 교육을 말하는 겁니까? 아니면 환경?"

피터는 고개를 저었다. 어느새 식탁은 말끔히 치워졌고, 두 사람 앞에는 찻잔이 놓였다. 피터는 찻잔을 들어 향기를 깊이 들이마셨다. 친숙한 향기와 함께 갑자기 어린 시절의 기억이 머릿속을 스쳤다. 피터는 고향집에서 부모님과 저녁 식사를 마치고 차를 마시던 행복한 순간들을 떠올렸다. 어머니의 따스한 손길, 인생살이에 대한 아버지의 지루한 훈계, 그리고 대학 시절까지……

피터가 차를 한 모금 마시자 오랫동안 비어 있다가 음식을 받아들인 위장에서 날카로운 통증이 일었다. 통증을 느끼는 순간, 피터의 머릿속에서 행복했던 지난 시간들이 모두 사라져버리고 얼음처럼 싸늘한 기운이 감도는 시 보호소의 풍경이 떠올랐다.

차갑고 딱딱한 시멘트 바닥, 역겨운 냄새, 절망에 찌든 눈길들…… 그리고 마지막으로 명함을 건네던 남자의 눈길. 피터는 다시 한번 세차게 고개를 저으며 단호한 목소리로 입을 열었다.

"아닙니다. '그 무엇'이란 결코 그런 것들이 아닙니다. 그것은 완전히 다른 것입니다. 지금은 저도 그것이 무엇인지 분명하게 말할 수 없습니다만 꼭 그것을 찾을 겁니다. 그런 다음 당신에게 자세하게 말씀드리겠습니다."

그는 어리둥절한 표정으로 피터를 뚫어지게 응시했다. 피터는 앞으로 지내게 될 방으로 안내되기 전 그에게 논문을 쓰는 데 협력하려면 먼저 무엇을 해야 하는지 물었다. 그는 우선 피터가 해야 할 첫 번째 과제를 제시했고, 피터는 이를 흔쾌히 수락했다.

그는 이제 막 자신의 내면에서 뿌리를 내리기 시작한 '그 무엇'이 보다 구체적인 모습으로 자신을 변화시킬 것이며 바비 아버지의 논문에도 도움을 주게 되리라는 확신을 갖게 되었다. 그는 그 첫걸음으로 오늘 자신의 내부에 잠들어 있던 '신념'을 일으켜 세웠고, 그 결과 따뜻한 저녁과 잠자리를 구하게 된 것이었다.

대화가 끝나자 바비는 피터를 방으로 안내했다. 작은 방이었지만 일인용 침대가 놓여 있고, 동쪽으로 난 창문엔 피터가 좋아하는 푸른색 커튼이 쳐져 있었다. 방으로 들어서자 피터는 제일 먼저 창문부터 열었다. 정원의 나무들을 스치고 불어오는 신선한 바람이 그의 얼굴을 상쾌하게 씻어주었다. 피터는 외로움과 고통, 굶주림의 날들로부터 빠져나와 방금 자신이 뛰쳐나온 검은 구멍을 바라보고 서 있는 느낌이었다.

그는 오늘 하루 마음속으로 수없이 되뇌었던 말들을 다시 한번 중얼거려 보았다.

'반드시 껍질을 깰 거야. 내 안에 있는 모든 잠재능력을 꺼내겠어. 꼭 그렇게 될 거야.'

친절한 바비의 어머니는 따뜻한 물을 데워서 욕조에 채워주었다. 피터는 욕조 안에 들어가 고통스러웠던 지난날들의 때를 말끔히 씻어냈다. 목욕을 끝낸 피터는 바비 아버지가 젊은 날에 입었다는 낡은 잠옷을 입고 깨끗한 시트를 씌운 침대에 누웠다. 간지럽고 달콤한 행복감이 전신으로 나른하게 퍼졌다.

그는 오늘 하루에 일어났던 모든 일을 떠올려보았다. 하지만 채 한 가지도 떠올리기 전에 곧 깊은 잠 속으로 빨려 들어갔다. 밤새도록 피터는 시 보호소와 공원의 벤치를 전

전하는 꿈을 꾸다가 눈을 뜨곤 했다. 그때마다 아늑한 바비의 집 이불 냄새에 안도했고, 이불 속에 코를 묻고 다시 눈을 감으면 곧바로 잠이 들었다.

피터의 레포트

1. 무엇인가를 이루기 위해, 또는 무언가가 되겠다는 결심을 하는 데는 채 1분도 걸리지 않는다. 문제는 그 결심을 얼마나 신속하게 행동으로 옮기느냐에 달려 있다.

2. 밤하늘에 떠 있는 별은 시야를 가리는 수많은 장애요인 때문에 보이지 않는 것뿐, 항상 그 자리에 존재하고 있다. 기회와 가능성 또한 늘 그 자리에 존재하고 있다. 두려움과 부정적인 사고가 기회와 가능성을 가리고 있을 뿐이다.

3. 늘 시작이 중요하다. 두려움을 극복하고 행동으로 옮기는 순간, 우리에게는 또 다른 기회와 가능성이 열린다.

4. 긍정적인 사고가 항상 모든 문제를 해결해주는 것은 아니다. 하지만 "나는 행복해질 거야, 반드시 그렇게 될 거야"라고 말하는 데 드는 비용은 전혀 없다.

5. 재능이 아무리 뛰어나더라도 스스로 자극하지 않는다면 그저 평범한 사람으로 남을 수밖에 없다. 스스로에게 끊임없이 동기를 부여하라.

"그렇단다. 예전에 나는 편협한 시선으로 주어진 일에만 충실하고,
새로운 것과 맞닥뜨리는 것을 두려워했단다.
지금보다 더 젊었는데도 말이지.
그 때문에 불행이 입을 벌리고 다가와 나를 삼켜버렸지.
한곳에만 머무르기를 좋아하고 힘을 기르지 않는 물고기는
남보다 빨리 천적에게 먹혀버리는 법이란다.
두려움에 떠는 물고기도 마찬가지지.
나는 불행이 다가오고 있는 것도 보지 못했어.
내겐 그것을 피할 힘도 능력도 있었는데 스스로 깨닫지 못한 탓에
속수무책으로 불행에게 먹혀버리고 말았지.
'그 무엇'은 내가 가진 능력을 모두 꺼내라고 일깨우고 있단다.
내 능력을 모두 꺼내려면 몸도 정신도 끝없이 움직여야 해.
벌써 내가 잘할 수 있는 일을 두 가지나 찾아냈단다."

3장

Conviction

삶을 변화시키는
신념의 마력

Conviction

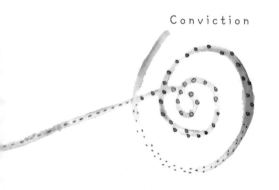

3

일을 시작한 지 열흘 정도가 지나자 작업 시간
이 점점 줄어들기 시작했다. 한 사람의 인원이 더
늘어난 데다 기대 이상으로 작업속도가 빠른 피터 덕에 모
두들 여유 있게 하루 일을 끝낼 수 있게 된 것이다. 피터는
일을 할 때나 점심을 먹을 때, 동료들이 나누는 이야기에
귀를 기울이고 그들의 생각이나 행동양식을 기억해두는 일
도 게을리하지 않았다.

어느 날 그의 옆자리에서 일하던 동료가 슬그머니 피터
쪽으로 몸을 기울이며 낮은 목소리로 속삭였다.

"여보게, 일하는 속도를 좀 맞추게. 매일 작업이 일찍 끝

나면 우리 중 누군가가 곧 잘리게 될 걸세. 자네는 작업 성적이 좋으니 아마도 다른 누군가가 선택되겠지."

피터는 그의 말에 정신이 번쩍 났다. 하지만 그렇다고 해서 일부러 늑장을 부리며 게으름을 피울 수는 없는 일이었다. 피터는 그때부터 주변을 돌아보기 시작했다.

하루 일이 거의 끝나갈 무렵 피터는 배송담당 사무원인 디키를 발견하게 되었다. 포장이 다 된 상품은 배송할 주소와 수취인 이름이 적힌 스티커를 붙이고 계산서와 고객확인서를 챙겨서 배송책임자에게 넘겨야 하는데, 디키는 제시간에 맞춰 서류들을 챙겨 보내는 경우가 드물었다. 업무가 지연되면 배송책임자가 디키의 사무실을 들락거리며 채근했다. 그는 혼자서 도저히 감당해낼 수 없는 일감을 끌어안고서 늘 쩔쩔맸다. 배송에 대한 사무적인 절차를 모두 감당하고 있었으니 포장작업자들이 모두 퇴근한 뒤에도 혼자 남아서 일을 처리할 수밖에 없었다. 디키는 매일 배송이 끝난 확인서들을 정리해서 계산을 맞추고, 다음날 오전 중에 넘길 서류들을 처리해놓고 나서야 퇴근할 수 있었다.

피터는 자신이 맡은 일을 끝내고 나서 다른 사람의 포장을 돕던 것을 즉시 그만두었다. 그는 망치를 내려놓고 디키의 방으로 들어갔다.

"디키, 당신이 제시간에 퇴근하는 것을 본 적이 없는 것 같군요."

디키가 잠시 피터를 올려다보더니 이내 서류더미 위로 고개를 떨구며 한숨 섞인 목소리로 말했다.

"밀린 일감을 오늘 중으로 다 처리해놓지 않으면 내일은 더 늘어날 테니 도리가 없지요. 한밤중에 집에 들어갔다가 아침이면 남들보다 일찍 나와야 하니 식구들 얼굴도 낯설

게 보일 지경이랍니다."

디키의 말이 끝나기를 기다려 피터가 조심스럽게 제안을
했다.

"그럼 제가 저녁마다 당신 일을 좀 도와드리면 어떻겠어
요?"

디키는 혹시 잘못 들은 게 아닐까, 생각하며 피터를 올려
다보았다. 그는 피터의 진심어린 얼굴을 보고 나서야 비로
소 환한 미소를 떠올렸다.

"오, 이렇게 고마울 수가. 언제 일손을 늘려주나 고대하
고 있었는데 정작 위에서는 혼자서 감당하라는 지시가 내
려왔어요. 얼마 전까지만 해도 이렇게 바쁘지는 않았거든
요. 매출이 현저하게 늘어날 때까지는 좀 더 버텨보라는 뜻
이겠죠. 별수 있나요? 지시를 따를 수밖에요. 실은 고양이
손이라도 빌리고 싶은 심정이었어요."

다음날부터 피터는 자신에게 할당된 일을 서둘러 끝내고
디키의 방으로 가서 일정량의 서류 뭉치를 받아 처리했다.
한 주도 지나지 않아 피터는 새로운 일에 빠르게 적응했다.
전에 다니던 직장에서 맡아 하던 회계업무에 비하면 백화
점 일은 그에게 단순한 작업이었다.

매장에서 판매된 상품 목록이 내려오면 창고로 목록을 보내 출고하도록 하는 일과, 포장실로 내려온 상품들을 배송할 주소와 구매자의 이름으로 분류해서 포장하도록 한 뒤 계산서를 발행하는 것이 디키의 주요 업무였다. 지역별로 나누어진 배송담당에게 고객확인서를 받고, 서류들을 일목요연하게 철해두는 일과 하루 동안 배송한 물품 대금들을 정산하는 일까지 모두 디키의 방에서 이루어졌다. 회계사무실에서 근무했던 피터는 특히 계산하는 일에 탁월한 실력을 발휘했다.

디키는 오랫동안 자신이 해왔던 일을 단 며칠 만에, 더 능숙하게 해내는 피터를 보고 놀라움을 감추지 못했다. 백화점 매출은 조금씩 늘고 있어서 디키 앞으로 떨어지는 일감은 날로 늘어갔다. 덕분에 피터도 디키와 함께 퇴근 시간을 넘기며 일하는 날들이 많아졌다.

어느 날, 피터가 계산기를 두드리며 다음날 배송할 상품 목록과 전표들을 맞추고 있는데 작업과장이 피터의 책상 앞으로 다가왔다. 디키는 다른 용무가 있어 자리를 비운 상태였다. 과장은 피터가 일하는 모습을 잠시 지켜보더니 놀란 표정으로 말했다.

"아, 자네가 디키 일을 돕도록 발탁된 게로군. 안 그래도 디키의 업무량이 너무 많아서 누구든 파견해달라고 건의할 참이었는데."

피터는 고개를 들지도 않고 어깨를 한 번 으쓱해 보였다. 그는 계산을 하던 중이어서 서류에서 눈을 뗄 수가 없었다. 눈치 빠른 작업과장은 일에 방해가 되지 않으려고 곧바로 방을 나갔다. 피터는 하던 계산을 마저 끝내고 나서 과장에게 정황을 설명하려고 고개를 들었다. 과장이 이미 방을 나간 것을 확인한 피터는 도로 서류더미에 얼굴을 묻고 물품 목록과 계산서 대조 작업에 몰두했다.

퇴근 시간에 피터는 다시 작업과장과 마주쳤다. 백화점 입구를 향해 걸어가는데 작업과장이 다가와 넌지시 물었다.

"퇴근이 늦었군. 아까 잠시 자네 생각을 했었는데 좀 이해되지 않는 점이 있네. 자네가 어째서 나를 거치지 않고 포장실에 들어오게 되었는지, 그리고 며칠 만에 다시 사무직까지 겸하도록 결정이 났는지 알 수가 없어서 말이지."

피터는 밝고 명랑한 목소리로 대답했다.

"어떤 힘이 제게 작용한 것이지요."

피터의 말을 듣고 난 과장은 표정이 확 바뀌었다. 그는 단박에 호의적인 눈빛을 보내면서 약간의 존경심까지 담긴 목소리로 말했다.

"그렇지? 어쩐지 그럴 것 같았어. 아마도 경영층에서 무슨 뜻이 있어 당신을 이쪽으로 보냈을 거라는 예감이 들었지. 내 눈은 못 속인다니까. 당신은 지금 회사 사정을 파악하라는 임무를 띠고 있는 거로군?"

피터는 난감한 표정이 되어 잠시 망설이다가 이내 자신 안에 내재되어 있던 어떤 힘의 도움을 받았다. 그는 어깨에 힘을 주고 나서 자신 있게 대답했다.

"그렇습니다. 저는 가능하다면 모든 분야의 업무를 다 배울 작정입니다."

과장은 더욱더 호기심을 보이며 피터 곁으로 바짝 다가섰다.

"그렇다면 당신에게 수업을 시키고 있는 사람은 과연 어느 정도의 위치에 있는 사람인가? 이사급? 아니면 사장? 설마 그룹 회장?"

과장이 엄지를 세워 보이며 눈을 휘둥그렇게 떴다. 피터는 과장에게서 떨어져 길이 갈라지는 언덕 쪽으로 방향을 잡으며 담담한 표정으로 말했다.

"지금은 뭐라고 말씀드릴 수 없습니다. 전 이쪽 방향으로 가야 하니 헤어져야 할 것 같군요. 그럼."

과장은 당황한 목소리로 걸어가는 피터의 등 뒤에 대고 소리쳤다.

"이해하네. 뭘 캐내려던 건 아니니 염려 말게. 내가 도울 수 있는 일이 생기면 언제든지 연락하게."

피터는 돌아서서 과장의 호의에 감사하는 표시로 손을 들어 보였다. 과장은 입가에 흐뭇한 웃음을 지으며 가던 길을 재촉했다.

퇴근 후 집으로 돌아오면 피터는 항상 바비 가족과 식탁에 앉아 저녁을 먹으며 이야기를 나눴다. 이때가 하루 중 가장 행복한 시간이었다. 적어도 피터에겐 그랬다. 바비 어머니의 음식 솜씨도 일품이었지만 왠지 모를 평안함이 피터를 매일 저녁 그의 고향으로 데려다주었다. 식사를 하고 있으면 부모님과 함께 식탁에 둘러앉아 맛있는 저녁을 먹던 어린 시절로 돌아간 것만 같았기 때문이다.

지금은 고향집도 부모님도 피터의 기억 속에만 존재했

다. 최근 몇 년 동안은 그 기억도 희미해져 부모님을 추억하는 일조차 없었다. 그러나 바비 어머니가 만들어내는 향기는 피터의 가슴속 추억들을 되살려냈다. 처음 그런 기분이 들었을 때 피터는 처참한 생활을 견디다가 따뜻한 가정의 품으로 들어온 탓이라고 여겼다.

바비 집에서 산 지 두 주쯤 지났을 때였다. 피터는 바비 어머니와 이야기를 나누다가 그녀가 자신과 같은 버지니아 출신이라는 사실을 알게 되었다. 그녀는 버지니아에서 자라면서 그녀의 어머니에게 배운 요리법으로 음식을 만들었던 것이었다. 그녀가 만든 빵과 구수한 수프는 어머니의 맛 그 자체였다. 그래서였을까. 피터는 그녀를 대할 때마다 어머니를 만난 것처럼 행복했다.

피터는 휴일마다 즐거운 마음으로 그녀를 도왔다. 함께 세탁물도 널고, 식사 준비도 하고, 정원 손질도 하면서 집안일을 거들었다. 그녀와 고향 버지니아의 이야기를 나누고 있으면 도시의 틈바구니에 끼어 외롭고 쓸쓸하게 보냈던 지난날의 기억들이 봄눈 녹듯 사라지는 것 같았다.

바비는 학교 수업이 끝난 후 네 시간 동안은 항상 배송 일을 했다. 그리고 저녁때가 되면 식탁에 앉자마자 일하는 동안 보고 들은 것들을 어머니에게 이야기했다. 그녀는 식료품점으로 장을 보러 나가는 일 외에는 대부분의 시간을 집 안에서 보내는 탓에 바비의 이야기가 아니라면 마을에서 무슨 일이 벌어지고 있는지 알 수가 없었다. 그녀는 식사 시중을 들면서도 바비의 말에 일일이 대꾸하고, 질문하고, 귀를 기울였다. 어느 날, 식사가 거의 끝나갈 무렵 바비가 중요한 것을 잊고 있었다는 듯이 피터에게 물었다.

"피터 아저씨, 벌써 승진하셨어요? 이젠 포장일은 안 하는 거죠?"

피터는 빙그레 웃으며 바비의 질문에 대답했다.

"승진한 건 아니야. 내가 더 잘할 수 있는 일을 찾은 거지."

"어떻게 그게 가능하죠? 이번에도 '그 무엇'이 그렇게 했나요?"

피터는 진지한 눈빛으로 바비를 마주 보며 고개를 끄덕였다.

"그렇단다. 예전에 나는 편협한 시선으로 주어진 일에만 충실하고, 새로운 것과 맞닥뜨리는 것을 두려워했단다. 지금보다 더 젊었는데도 말이지. 그 때문에 불행이 입을 벌리

고 다가와 나를 삼켜버렸지. 한곳에만 머무르기를 좋아하고 힘을 기르지 않는 물고기는 남보다 빨리 천적에게 먹혀버리는 법이란다. 두려움에 떠는 물고기도 마찬가지. 나는 불행이 다가오고 있는 것도 보지 못했어. 내겐 그것을 피할 힘도 능력도 있었는데 스스로 깨닫지 못한 탓에 속수무책으로 불행에게 먹혀버리고 말았지. '그 무엇'은 내가 가진 능력을 모두 꺼내라고 일깨우고 있단다. 내 능력을 모두 꺼내려면 몸도 정신도 끝없이 움직여야 해. 벌써 내가 잘할 수 있는 일을 두 가지나 찾아냈단다."

"얼마나 더 찾아낼 건데요?"

피터의 말이 마치 알쏭달쏭한 수수께끼 같다는 표정을 지으며 바비가 불쑥 질문을 던졌다. 피터는 어깨를 으쓱해 보였다. 그는 말없이 접시에 남은 음식들을 모두 비운 다음 설거지를 돕기 위해 자리에서 일어났다.

설거지를 끝낸 후, 피터는 차를 들고 서재로 갔다. 피터는 바비 아버지로부터 그동안 진행된 논문에 관한 이야기를 듣고, 자신이 수집한 인물 표본에 관해 이야기를 나눴다. 그는 주변 사람들을 중심으로 그 사람이 처한 환경과 직업, 행동양식 등에 대해 관찰한 사항들을 그에게 하나씩 알려주었다.

피터는 바비 아버지와 이야기를 나누다가 자신의 진로에 대한 해답을 찾기도 했다. 그는 스스로 하나의 표본이 되기로 작정하고, 길에서 명함을 건넸던 남자의 말처럼 내재되어 있는 '그 무엇'을 모두 꺼내게 될 때까지 자신을 끊임없이 담금질하기로 다짐했다.

1. 현실에 안주하는 자는 결국 도태되기 쉽다. 인간은 편안한 시기의 모습보다는 도전과 논란의 중심에 있을 때 더 정확하게 자신을 평가할 수 있다.

2. 한곳에서 자신이 설정한 목표치에 도달했으면 바로 새로운 분야를 개척하라. 스스로 극복해야만 하는 장애물을 설정하여 끊임없이 자신을 발전시켜 나가야 한다.

3. 누구나 불행에 대처할 수 있는 능력과 판단력을 가지고 있다. 그리고 그 어려움을 극복하는 과정에서 자신의 새로운 잠재력을 발견해낼 수 있다.

4. 현재 가장 자신 있게 할 수 있는 일부터 시작하라. 시작하지도 않고 결과를 두려워할 필요는 없다.

5. 항상 무언가를 시작할 때는 뚜렷한 목표치를 설정하라. 목표가 없는 노력은 비효율적인 결과를 낳게 마련이다.

피터는 자신을 위한 최소한의 투자로
수수한 정장 한 벌을 구입했다. 명함도 만들었다.
그는 하숙비를 내거나 책을 구입하는 것 이외에는
대부분 저축을 했다.
대비를 철저히 해두지 않으면 불안에 시달리게 되고,
불안은 진보에 걸림돌이 되기 때문이었다.
그에게 지식과 돈은 확실한 대비책이 되었다.

4장

Ability

내 안에 잠들어 있는
능력을 깨워라

Ability

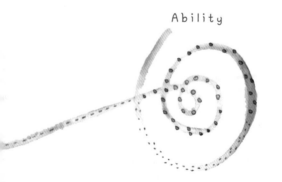

4

디키는 쾌활하고 성실한 청년이었다. 피터는 디키와 함께 일을 할수록 점점 더 그를 좋아하게 되었다. 디키도 자신보다 연배인 피터를 존중해주었다. 그동안 열심히 일한 덕에 일당으로 받던 급료는 월급으로 바뀌었고, 액수도 약간 올랐다. 두 달째 되었을 때는 포장일에서 손을 떼고 디키의 업무를 적극 지원하라는 지시를 받았다. 사무실 안에는 피터의 자리도 마련되었다.

피터는 자신을 위한 최소한의 투자로 수수한 정장 한 벌을 구입했다. 명함도 만들었다. 그는 하숙비를 내거나 책을 구입하는 것 이외에는 대부분 저축을 했다. 대비를 철저히 해두지 않으면 불안에 시달리게 되고, 불안은 진보에 걸림돌이 되기 때문이었다. 그에게 지식과 돈은 확실한 대비책이 되었다.

경기가 조금씩 회복되고 있는지 백화점 매출이 꾸준히 늘어갔다. 덕분에 매주 하루씩은 꼬박 밤을 새워 일을 해야만 했다. 일이 익숙해지면서 피터의 머릿속엔 새로운 업무 처리 방식이 떠올랐다. 조금만 방법을 바꾼다면 지금보다 훨씬 적은 시간과 노력으로도 효율적인 업무 처리가 가능하리라 생각됐다.

디키는 매우 근면한 청년이었지만, 전임자로부터 전수된 업무방식을 2년째 고수하고 있었다. 그는 몸에 배어 익숙해진 방법을 새롭게 바꾼다는 것은 생각조차 하지 않는 것 같았다. 어느 날, 피터는 디키와 함께 야근을 하다가 조심스럽게 입을 열었다.

"디키, 우리 일하는 방법을 좀 바꿔보면 어떨까요? 예를 들면 '상품 주문서'와 '배송 확인서', '물품 인도 확인서'를 각각 따로 만들 필요가 있을까요? 이 세 가지를 하나로 묶으면 훨씬 간편할 텐데……. 판매자와 배송인 그리고 소비자가 각각 해당란에 체크를 해서 이리로 넘기면 여기선 확인하고 순서대로 철해두기만 하면 되잖아요. 매 건을 처리할 때마다 오락가락하며 각각 따로 된 서류들을 찾아 맞추느라 시간이 두 배로 걸리고 있어요. 계산하는 방법도 좀 더 빠른 방식이 있을 것 같고요. 서류를 분류해두는 캐비닛이 지금은 포화 상태지만, 앞의 방식대로 통합하면 부피가 줄어 월별로 칸을 만들어 정리해둘 수도 있을 거예요. 그러면 연말에 결산하는 일도 훨씬 쉬워지고, 판매된 상품 수리나 하자보수 건이 발생했을 때 서류를 찾아 확인하는 일도 번거롭지 않을 겁니다."

피터는 자신의 생각대로라면 지금보다 훨씬 효율적으로 업무를 처리할 수 있을 거라고 디키를 설득했다.

그런데 뜻밖에도 디키의 표정이 굳어지고 있었다. 그는 피터가 자신의 권리를 침해하고 있다고 여기는 모양이었다. 그는 잠시 침묵을 지키고 있다가 표정을 누그러뜨리고 나서 피곤에 절은 목소리로 말했다.

"지금의 방식은 전임자들이 오랫동안 일해오면서 가장 적합하다고 여겨 선택한 방법이에요. 당신 말대로 하는 것이 더 나았다면 왜 그렇게 하지 않았겠어요? 그리고 난 이 방법에 익숙해져 있어서 이대로가 좋아요. 안 그래도 일이

산더미 같은데 새로운 방식으로 바꾸는 과정에서 일어날 번거로운 절차를 감당할 시간도 없어요."

피터는 앞으로 일해야 할 많은 날들을 위해서 한 주쯤 번거로운 절차를 밟게 되는 것을 감수해보자고 설득하려다 그만두었다. 아직은 한 주에 하루 밤샘으로 감당해낼 수 있을 만큼의 일이었고, 결정 권한은 디키에게 있다는 것을 알고 있기 때문이었다. 피터는 디키의 의견을 존중하기로 결심하고 책상 위에 쌓여 있는 서류더미로 눈을 돌렸다.

두 주가 더 지나자 일은 더욱 늘어났다. 길고 참담했던 경기 침체가 확실히 풀리고 있었다. 소비가 살아나고 상점이 활기를 띠기 시작했다. 게다가 성탄절이 다가오고 있어서 미리부터 선물을 준비해두려는 소비자들이 늘고 있었다. 구매자가 선물을 받을 사람에게 직접 배송하도록 의뢰하는 건도 점차 늘어났다. 다른 지역으로 배송하는 상품들은 따로 분류해서 배송 업체로 보내야 했다. 디키의 방은 각 층에서 내려온 서류들로 가득했다. 그는 매일 밤 열시가 넘어서야 퇴근할 수 있었고, 밤샘 작업도 하루에서 이틀, 심지어는 사흘까지 늘어났다. 피터가 열심히 돕고 있었지만 도저히 감당할 수 없을 만큼의 분량이었다.

밤샘 작업을 하고 있던 어느 날 디키는 피로로 충혈된 눈을 비비며 졸음을 쫓다가 문득 피터를 바라보았다. 피터의 얼굴도 며칠 새 수척해져 있었다. 피터는 잠시도 자리에서 엉덩이를 떼지 않고 열심히 일하고 있었다. 디키가 자리에서 일어서며 피터에게 말을 건넸다.

"잠깐 밖으로 나가서 졸음을

쫓고 올까요?"

디키의 말에 피터가 일손을 놓고 자리에서 일어섰다. 두 사람은 나란히 사무실을 나섰다. 밖으로 나오자 제법 바람이 차가웠다. 디키는 주머니를 뒤져 자판기에서 커피를 뽑아 피터에게 건넸다. 피터는 뜨거운 커피를 한 모금 마신 후 밤하늘을 올려다보았다.

"아, 오늘은 유난히 별이 많이 보이네. 저 수많은 별들, 우리 눈에는 아무런 질서도 법칙도 없는 것처럼 보이지만 거기에는 분명 우리가 알지 못하는 질서와 법칙이 존재하겠지요? 저렇게 많은 별들이 일정한 간격을 두고 떠 있는 것을 보면……."

피터의 말을 들었는지 못 들었는지 디키는 커피만 홀짝거리고 있었다. 그러다가 문득 무언가가 생각이 난 듯 피터 곁으로 한 발짝 다가섰다.

"그 새로운 업무 방식 말이에요. 생각해볼수록 당신 말이 옳아요. 시도해보는 게 좋겠어요. 그런데 과연 부작용은 없을까요? 전면적으로 바꾸자면 새 양식도 필요하고, 적응하는 데 시간도 걸리고, 집기도 새로 주문하거나 개조해야 할 텐데 위에서 허락할까요?"

피터는 망설임 없이 대답했다.

"반드시 허락할 겁니다. 우리가 꼭 그렇게 되도록 만들 수 있어요."

순간 디키의 얼굴이 환하게 밝아졌다. 그는 방금 무거운 짐을 내려놓은 사람처럼 어깨를 펴더니 사무실로 들어가며 피터에게 말했다.

"그럼 당장 실행에 옮기기 위한 회의를 해야죠."

다음날부터 디키는 더욱 속도를 내서 일하고, 피터는 기획서를 작성하기 위해 현재의 업무 방식과 새로 도입할 업무 방식에 대한 비교분석 작업을 시작했다. 분석 작업을 모두 마친 피터는 본격적으로 보고서 작성에 들어갔다. 새로 인쇄할 서류의 양식을 만들고, 작업진행 방법을 설정했다. 신속하고 체계적인 업무를 위해 새로 바꿔야 할 사무실 집기에 대한 설계도도 그려 넣었다. 피터는 또 새로운 계산법과 신속한 배송 업무를 위한 제안도 첨가했다. 무거운 나무상자 대신 가볍고, 작업하기 편리하면서도 안전한 종이상자의 도안도 생각해두었다. 종이상자는 포장실에서 일하던 중 연구했던 것이었다. 바비가 짐을 들고 언덕을 오르내리며 일하던 모습을 보고 안타까운 마음에 궁리를 시작했던 것이 구체화된 것이었다.

마침내 보고서가 완성되었다. 피터와 디키는 보고서를 제출하기로 결정한 날 나란히 깔끔한 복장을 갖춰 입고 출근했다. 디키는 머리를 깔끔하게 손질하고, 구두도 반질반질하게 닦았다. 피터는 디키에게 기획서를 넘겨주면서 확신에 찬 목소리로 말했다.

"디키, 오늘 이 시안은 꼭 통과될 거예요. 반드시 그렇게 될 겁니다."

디키는 긴장한 기색이 역력했다. 하지만 피터의 말에 힘을 얻은 디키는 기획서를 받아들고서 당당하게 방을 나갔다. 피터도 긴장되기는 디키와 마찬가지였지만 마음을 가라앉히고 책상에 앉아 산더미같이 쌓여 있는 서류들을 하나씩 처리해 나갔다. 디키가 방을 나간 후 20분쯤 흘렀을 때 전화벨이 울렸다. 피터가 전화를 받기 위해 다가가 보니 내선 1번에 불이 들어와 있었다. 사장실이었다. 피터는 영문을 몰라 어리둥절한 채로 수화기를 들었다. 곧 사장의 목소리가 들려왔다.

"당신이 피터 앤드류스요? 이 기획서에 관해서 내가 좀

물어볼 것이 있으니 지금 곧 이리로 올라와요."

피터는 하던 일을 멈추고 서둘러 사장실로 올라갔다. 엘리베이터에서 내려 복도를 걸어가는 동안 피터는 유리에 비친 자신의 모습을 바라보았다. 그곳에는 거리를 떠돌아다니며 행인들의 옷자락을 잡고 먹을 것을 구걸하던 예전의 모습은 보이지 않았다. 대신 수수한 정장 차림에 깔끔한 용모를 가진 한 젊은 남자가 당당하게 서 있었다. 피터는 마음속으로 깊이 되뇌었다.

'나는 내 안의 잠재력을 전부 꺼낼 때까지 결코 멈추지 않을 거야.'

사장실로 다가가자 입구에 서 있던 디키가 약간 상기된

얼굴로 피터에게 상황을 설명했다.

"사장님이 기획서를 보시고 내게 몇 가지 질문을 했는데 내가 답변을 하지 못했어요. 당신이 설명할 때는 충분히 이해가 됐는데 너무 긴장한 탓인지 설명할 방법이 생각나지 않는 거예요. 어찌 된 일이냐고 묻는 바람에 실은 당신이 만든 기획서라고 실토해버렸어요. 자, 들어가봐요."

디키는 피터를 앞세우고 다시 사장실로 들어갔다. 디키가 사장에게 피터를 소개하자 사장은 일어서서 손을 내밀었다.

"제임스요."

피터는 사장의 손을 마주 잡고 가볍게 흔들었다. 사장은 피터의 얼굴을 찬찬히 살폈다. 잠시 후 그의 얼굴에 의혹의 그림자가 스쳤다. 그는 궁금증을 참지 못하겠다는 듯 피터를 마주 보고 물었다.

"지금 포장부에서 일하고 있단 말이오? 그런데 왜 내게 당신에 대한 이야기를 해주는 사람이 아무도 없었지? 입사한 지 며칠 만에 일당직에서 사무직을 겸하고, 사무직으로 옮긴 것도 얼마 안 됐는데 이런 기획서를 만들 정도의 인물이라면 업무과장 눈에도 분명 띄었을 텐데……."

피터가 명함을 꺼내 사장에게 건네면서 대답했다.

"지금은 포장부에서 사무직 일을 하고 있지만 앞으로 여러 가지 일들을 배워볼 생각입니다."

사장은 명함을 꼼꼼히 들여다보고 나서 기획서에 대해 피터에게 몇 가지 질문을 했다. 피터는 사장의 질문에 조목조목 상세하게 답변했다. 설명을 듣고 난 사장은 입을 벌리고 크게 웃으며 말했다.

"정말 훌륭해요. 이런 멋진 안을 내놓다니! 장기적으로 보면 확실히 시간과 비용이 절약되겠어. 지금 당장 이 양식들을 인쇄하도록 지시하겠소. 물론 사무실 구조와 집기들도 교체하시오. 그 외의 사안들도 긍정적으로 검토하겠소. 참 재미있는 인물이야. 근데 디자인 공부도 했소?"

사장은 포장용기를 그려 넣은 기획서를 가리키며 물었다.

피터는 민망한 듯한 미소를 지었다.

"아닙니다. 책에서 참고했습니다."

피터와 디키는 인사를 한 다음 사장의 책상 앞에서 물러났다. 두 사람이 막 사장실을 나서려고 할 때 피터를 부르는 사장의 목소리가 들려왔다.

"포장실에서 일한 지는 얼마나 됐소?"

피터가 돌아서서 대답했다.

"83일 됐습니다."

사장은 두 사람을 세워둔 채 턱을 괴고 잠시 생각에 빠졌다.

"음, 83일이라…… 충분히 있었군. 그곳에서 더 배울 것이 남아 있소?"

피터는 짧고 분명하게 대답했다.

"없습니다."

그러자 사장이 자리에서 일어나 피터에게 다가왔다. 그는 한동안 혼잣말로 중얼거리며 피터 앞을 서성거렸다.

"아무래도 누군가가 당신을 이리로 보낸 것 같단 말이야. 누군가 그랬다면 분명 영감님이시겠지. 그 양반이 언젠가 그런 얘기를 한 적이 있었어. 동양의 어떤 그룹에는 매우 독특한 방식으로 자식에게 경영공부를 시키는 회장이 있다고 말이야. 상당히 감화를 받은 듯했어. 가만, 그 양반을 닮지는 않았으니 직계는 아닌 모양이고, 직계라면 포장부까지 내려보내진 않았겠지. 어쨌든 회사에서 당신 스스로 일어설 수 있도록 모든 부서의 일을 가르치려 했겠지. 안 그렇소?"

사장의 눈이 피터의 얼굴에 고정됐다. 피터는 담담한 목
소리로 대답했다.

"네, '스스로 일어서기' 그것이 지금 제가 하려는 것입니
다. 누구에게든 성공은 자신의 내면에 있는 '그 무엇'으로부
터 나오는 것이니까요."

사장은 그럴 줄 알았다는 듯이 만면에 미소를 짓더니 책
상 앞으로 걸어가 메모지를 꺼냈다. 그는 메모지에 재빨리
몇 줄의 글을 적어 피터에게 넘겨주었다.

"그쪽 일은 디키에게 맡기고 당신은 이걸 감사부의 로웰
부장에게 전해주시오. 그가 당신에게 새 일을 줄 것이오.
거기서도 좋은 모습을 보여줄지 지켜보겠소."

피터는 감사 인사를 건네고 쪽지를 받았다. 사장은 돌아
서려는 피터를 다시 한번 불러 넌지시 일렀다.

"아, 좀 전에 영감님 어쩌고 한 건 잊어주시오. 그건 내가
관여할 일이 아닌 것 같소."

사장의 말에 피터는 즉각 대답했다.

"네, 제가 관여할 일도 아닌 것 같습니다."

피터는 사장실을 나왔다. 디키는 믿을 수 없는 일이 벌어

졌다는 표정으로 피터를 바라보았다. 그의 시선은 좋아하는 영화배우라도 만난 것처럼 흥분으로 떨리고 있었다.

"피터, 아니 앤드류스 씨. 당신 정말 회장님이 보낸 사람이에요?"

피터는 웃으면서 고개를 저었다.

"나는 누가 보낸 사람 같은 건 아니에요. 스스로 이곳으로 왔고, 누구나 가지고 있는 '그 무엇'을 통해 나의 역량을 알아가는 중이에요."

"그 무엇?"

디키가 피터의 목소리를 흉내 내며 되물었다. 피터가 고개를 끄덕였다.

"지금은 그렇게밖에 말할 수 없어요. 나도 정확하게 대답할 수 있는 것이 아니거든요."

디키는 처음보다 더욱 의아한 얼굴로 피터를 쳐다봤다. 피터는 그런 디키를 보며 푸근한 미소를 지어 보였다. 디키와 피터는 남은 시간 동안 하던 일을 계속했다.

1. 항상 만일의 사태를 위한 대비책을 마련해두어라. 대비를 철저히 하지 않으면 불안감에 시달리게 되고, 불안감은 자신을 발전시키는 데 걸림돌로 작용한다.

2. 변화를 두려워하지 마라. 오랫동안 고민하다가 늦게 올바른 길을 선택하는 것보다, 두려움을 극복하고 잘못된 선택의 위험을 감수하는 편이 낫다.

3. 새로운 기획을 할 때, 미리 채택되지 않을 거라는 두려움을 먼저 가지지 마라. 반드시 채택될 거라 믿고, 그 이후의 일들까지 철저하게 계획을 세워야 한다.

4. 스스로 계획하고, 스스로 노력하라. 당신의 내면에는 모든 능력이 갖춰져 있다. 지금 당신에게 필요한 것은 그것들을 적재적소에 활용하는 능력이다.

5. 조직 내에는 직원과 임원이 할 일이 분명하게 정해져 있다. 관리자는 조직 전체의 시스템을 알아야 한다. 모든 정보를 자기 것으로 만들고, 근시안적인 사고보다 조직 전체를 내려다보는 시각을 키워라.

피터는 출근하면 외투를 벗어놓고 방을 나가
이리저리 돌아다니며 자신의 일을 찾았다.
그는 발주에서부터 디스플레이, 판매, 고객에 대한 서비스,
상점 내의 편의시설, 그리고 광고까지 꼼꼼히 살펴보았다.
그는 며칠 만에 포장과 배송업무를 뺀 모든 것을 둘러보고,
백화점이라는 커다란 상점이 돌아가는 구조를 파악했다.

5장

Passion

열정,
성공을 여는 만능열쇠

Passion

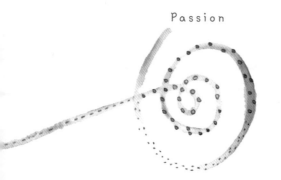

5

다음날 피터는 사장이 건네준 쪽지를 들고 감사
부로 곧장 출근했다. 감사부는 사장실과 같은 층에
위치해 있었다. 로웰 부장은 쪽지를 들여다보더니 자리에서
일어나 피터에게 악수를 청했다. 그는 백화점 업무 전반을
담당하고 있었다.

"반갑습니다. 자, 이쪽으로."

피터가 안내된 곳은 대여섯 개의 업무 테이블이 놓인 제
법 큰 방이었다. 각각의 자리를 분할하는 낮은 파티션이 설
치되어 있었고, 한쪽엔 회의를 위한 커다란 테이블이 놓여
있었다. 테이블을 지나 더 안쪽으로 들어가자 반투명 유리

로 공간을 나눈 작은 방이 나왔다. 그곳에도 책상이 하나 놓여 있었다. 책상 뒤쪽으론 넓은 창이 나 있어 시내의 풍경이 시원하게 내려다보였다.

"여기가 당신 방입니다. 오래 머물진 않으시겠지만 이곳에서 백화점 홍보 및 판매 관리에 관한 업무를 도와주시면 됩니다. 사장님께선 특별히 당신께 판매 전략에 관한 참신한 기획안들을 기대하신다고 하셨습니다."

로웰은 피터를 자리에 앉히고 자신은 창가에 서서 업무에 관한 몇 가지 설명을 덧붙였다. 피터는 그의 이야기를 통해 자신이 몸담고 있는 곳이 미국 내에서 메이저급 기업으로 발돋움하고 있는 J그룹의 계열사 중 하나라는 것을 알게 되었다. 최근 몇 년 동안 계속된 불황 속에서 J그룹은 유통업을 시작했고, 경기가 회복되는 추이에 맞춰 도시 전역에 하나둘씩 지점을 늘릴 계획이라는 것과, 아직은 소규모의 백화점이지만 새로 시작된 사업인 만큼 경영주의 기대가 크다는 사실을 알 수 있었다.

로웰은 피터가 회사에 대해 아는 것이 거의 없다는 것을 모르는 듯했다. 그는 J그룹의 성장 과정을 잘 알고 있는 인물이었다. 머리가 허옇게 센 것으로 보아 정년퇴직이 얼마 남지 않은 듯 보였는데, 그는 젊은 시절부터 지금까지 평생을 J그룹에 몸담았다고 했다. 피터는 로웰의 이야기에서 J그룹에 관한 정보를 빠짐없이 기억해두었다. 로웰은 마지막으로 함께 일할 직원들을 소개하기 위해 그들을 피터의 방으로 불러들였다. 피터는 한 사람씩 소개받을 때마다 그 얼굴을 눈여겨보고 입속으로 이름을 반복해서 되뇌었다.

피터가 두 번째로 판매관리부의 문을 열고 출근했을 때는 모든 직원들이 방을 가로질러가는 그에게 차례로 인사를 건넸다.

"안녕하세요, 팀장님."

피터는 자신에게 새로 붙여진 직함이 낯설게 들렸지만 머뭇거리지 않고 자신의 방을 향해 걸어갔다. 직원들의 이름을 불러가며 인사하는 것도 잊지 않았다.

"좋은 아침입니다, 앨버트 씨."

"안녕하세요, 크리스티나."

"일찍 출근했네요, 데이비드."

마지막으로 자신의 이름이 불린 데이비드는 자리에서 일어나 피터의 뒷모습을 한동안 멍하니 바라보았다. 잠시 후 그는 옆자리의 크리스티나에게 몸을 기울이며 물었다.

"우리가 언제 단합대회라도 한번 가졌었나?"

크리스티나가 하던 일을 중단하고 어깨를 으쓱하며 대꾸했다.

"그럴리가 없잖아? 팀장님은 어제 새로 오신걸. 한번 들은 건 모두 기억하는 능력이 있으신가 보지."

데이비드는 잡담을 끝낼 생각이 없는지 크리스티나 쪽으로 의자를 돌려 앉으며 낮게 속삭였다.

"그런데 새로 온 팀장님 이름이 뭐였더라?"

크리스티나는 더 이상 말 걸지 말라는 듯 손가락으로 피

터의 방문을 가리켰다. 피터의 사무실 문 상단에 '판매관리
부 팀장 피터 앤드류스'라고 새겨진 명패가 붙어 있었다.

피터는 자리를 옮기고 난 후 처음 일주일 동안은 백화점
구석구석을 관찰했다. 자신이 당장 무엇을 하기에는 백화
점이 돌아가는 구조를 알지 못했고, 포장실에서처럼 눈앞
으로 밀려드는 일감도 없었기 때문이다. 그에겐 전망 좋은
방에 커다란 책상 그리고 언제라도 밖에 있는 직원들을 불
러들일 수 있는 전화가 있었지만, 책상 앞에 앉아서는 아무
일도 할 수 없었다.

피터는 출근하면 외투를 벗어놓고 방을 나가 이리저리 돌아다니며 자신의 일을 찾았다. 그는 발주에서부터 디스플레이, 판매, 고객에 대한 서비스, 상점 내의 편의시설, 그리고 광고까지 꼼꼼히 살펴보았다. 그는 며칠 만에 포장과 배송업무를 뺀 모든 것을 둘러보고, 백화점이라는 커다란 상점이 돌아가는 구조를 파악했다. 어느 곳에서든 도움의 손길이 필요해 보이면 직접 나서서 거들어주기도 했다. 창고에 상품을 내리는 일에서부터 까다로운 고객을 만나 진땀을 흘리고 있는 판매사원, 반품하러 온 손님과 실랑이를 벌이고 있는 직원, 쇼핑한 짐을 두고 가려는 고객에 이르기까지 눈에 띄는 모든 일을 거들었다.

피곤한 몸을 이끌고 방으로 돌아오면 직원들이 결재받을 서류를 들고 피터의 책상 앞으로 다가왔다. 피터는 아무리 몸이 피곤해도 직원들이 제출한 서류를 절대 소홀히 하지 않았다. 서류들을 상세히 검토하고 되도록 많은 질문을 했다. 이해되지 않는 단어 하나까지 따져 묻는 까닭에 직원들 사이에선 피터가 깐깐한 상사로 인식되었다. 그들은 기획안을 올리기 전에 스스로 미비한 구석이 없는지 한 번 더 살피는 등 전에 없던 노력을 기울이기 시작했다. 직원들은 으레 해마다 특별한 변화 없이 치러지는 사은행사라든지 상품을 납품하는 업체의 자체적인 증정세일에 관한 사항까지도 전혀 새로운 일인 것처럼 질문하는 피터를 의아하게 여겼다. 피터라는 안개 속 인물에 대한 소문은 금세 직원들 사이에 퍼지기 시작했고, 직원들은 그가 나타나면 이유 없이 긴장했다.

피터가 자리를 옮긴 후 한 달 정도 지났을 때 사장인 제임스가 퇴근 준비를 하고 있는 피터의 방으로 찾아왔다. 그는 오래된 친구처럼 친근한 목소리로 인사를 건넸다.

"이보게, 요즘 새로운 업무에 적응하느라 바쁜가? 아무리 그래도 그렇지, 이리로 올라온 지 벌써 한 달이 다 되어가는데 함께 점심을 나눈 적도 없으니 너무하지 않은가?"

피터는 머쓱해진 얼굴로 사장에게 자리를 내주었다. 사장은 자리에 앉는 대신 창가로 다가가 창밖 전경을 바라보았다.

"요즘 퇴근하면 주로 뭘 하는가? 특별히 하는 일이라도 있나?"

피터는 하숙집으로 돌아가면 집안일이나 바비 아버지의 논문 쓰는 일을 돕거나 마케팅에 관한 책들을 산더미처럼 쌓아놓고 독파 중이라는 말을 하려다 그만두었다.

"특별히 하는 일은 없습니다."

사장은 피터의 얼굴을 물끄러미 바라보더니 뜻밖의 제안을 했다.

"그럼 내가 다니는 스포츠센터에서 함께 운동을 하면 어떻겠나? 자네 몸을 보니 단련이 필요하겠는걸."

피터는 자신의 몸을 내려다보았다. 오랜 노숙자 생활과 포장실에서 일하는 동안 수시로 밤샘 작업을 해온 탓에 피터의 몸은 상당히 허약해 보였다. 그는 자신에 대한 두 번째 투자로 기꺼이 사장의 제안을 받아들이기로 했다.

퇴근길에 제임스 사장은 피터를 이끌고 고급 오피스텔 건물로 들어섰다. 오피스텔은 최근에 새로 지어진 최신식 건물이었다. 건물 안에는 입주자들에게 필요한 모든 편의 시설이 갖추어져 있었다. 스포츠센터와 아케이드, 식당, 그리고 여성 입주자들을 위한 뷰티숍도 있었다. 제임스는 이 오피스텔에 혼자 살고 있었다. 피터는 집으로 돌아가면 함께할 바비의 가족이 있었지만 그에겐 아무도 없었다.

스포츠센터의 회원이 된 피터는 매일 제임스와 함께 운

동했고, 두 사람은 곧 친구가 되었다. 피터는 제임스가 속한 모임에도 몇 차례 참석했다. 대부분이 경영자이거나 기업의 중역들이었는데, 그들은 사적인 모임에서조차 일에서 벗어나지 못했다. 그 때문에 그들 사이에 오가는 이야기는 피터에게 매우 중요한 정보가 되었다.

피터는 모임을 통해 제임스가 J그룹 대주주의 측근이라는 것을 알게 되었다. 그는 대주주인 친척의 후광으로 백화점의 사장이 된 것이었다. 피터는 제임스가 자신과는 반대편으로부터 온 사람이라는 것을 깨달았다. 그가 위로부터 내려온 사람이라면 자신은 아래로부터 힘겹게 단계를 밟아 올라가고 있는 중이었다. 피터는 까닭 모를 자신감이 가슴을 꽉 채우는 느낌에 사로잡혔다.

제임스는 피터가 위로부터 경영수업을 받으러 내려온 사람이라는 착각을 하고 있었지만, 한 번도 입 밖으로 내어 물어보거나 화제를 삼으려 하지 않았다. 그는 피터 자체를 좋아했고, 어떤 일이 닥쳐도 의욕적으로 덤벼들어 결국엔 해결책을 내놓고 마는 그를 존경했다. 예를 들어 포장부에 도입했던 업무방식 같은 건 그로선 한 번도 생각해보지 못한 일이었다. 백화점의 최하부 조직에서 벌어지는 일 따위

엔 애초에 관심조차 두지 않았기 때문이다.

포장부는 대부분 일용직 인력이 투입되는 부서였고, 그들은 언제나 번거롭고 궂은일을 도맡아하는 사람들이라는 인식이 제임스의 머릿속을 채우고 있었다. 그들은 작업 환경이 아무리 열악하더라도 불평 한번 하는 일 없이 죽도록 일하는 것으로 자신들의 앞가림을 하는 사람들이었다. 그런 인식이 오랫동안 이어온 열악한 업무환경을 유지하는 데 한몫을 한 것이었다.

일용직 근로자들의 작업환경을 개선할 기획서 같은 건 아무도 관심조차 갖지 않았다. 일용직이 아니어도 주어진 일에 하루 종일 머리를 들이밀고 있는 하부조직에서는 생각할 짬조차 없이 하루가 지나가는 법이었다. 디키가 그런 경우였다. 그러나 피터의 방법은 확실히 획기적일 뿐만 아니라 유통의 하부조직을 원활하게 만들어 결과적으로 고객만족도를 높이고 있었다. 더구나 이 기획안은 다른 지점들과 앞으로 새로 늘릴 지점에까지 전파될 예정이었다. 피터의 실적은 고스란히 자신의 업적이 되었다. 그가 어떤 비밀을 가지고 있는 인물이건 제임스에게는 문제 될 것이 없었다. 그는 이제 친구가 되었고, 친구는 새로운 마케팅 기법들을 끊임없이 연구하고 있는 중이었다.

제임스는 자신에게 없는 피터의 에너지가 어디에서 오는 것인지 궁금했다. 하지만 가까이에서 지켜본 피터는 그저 평범할 따름이었다. 소탈하고 성실한 일꾼인 피터가 누군가의 비호까지 받는 인물이라니 절로 호감이 갔다.

피터는 초고속으로 승진하고, 수입도 몇 배로 늘었지만 매일 자신을 일깨우는 것을 잊지 않았다. 그는 출근할 때마다 백화점 입구에 서서 처음 그 문으로 들어설 때의 마음을 되새겼다. 여전히 하루에 한 번씩은 백화점 구석구석을 돌아다니며 판매자와 구매자 사이에 오가는 대화에 귀기울이고, 백화점 안팎 시설들을 둘러보았다.

3개월 후, 피터는 그간 관찰해온 백화점의 실태와 자신이 공부한 마케팅 전략을 토대로 새로운 기획안을 준비했다. 그는 며칠에 걸쳐 아침마다 담당 직원들과 함께 회의를

했다. 피터는 자신이 3개월 동안 백화점 안팎에서 보고 느낀 것들을 털어놓았다.

직원들은 그가 매일 무엇을 보고, 무엇을 생각하며, 왜 백화점 안을 살피고 다녔는지에 대해 모두 듣고 난 후 고개를 끄덕였다. 자신들이 매일 일상적인 업무에 파묻혀 보지 못하고 느끼지 못했던 것을 그는 관찰하고 있었던 것이다. 피터는 혼자만의 생각을 밀어붙이기보다는 함께 의논해서 답을 찾는 방식을 택했다.

"매장을 둘러보다 보면 종종 이런 모습이 눈에 들어오곤 합니다. 판매사원들이 자신의 취향을 고객에게 강요하는 경우, 그리고 너무 앞질러서 자신의 안목을 과시하는 경우, 구매하지 않고 돌아서는 고객에게 보내는 곱지 않은 시선…… 그런 것들이 얼마나 고객을 부담스럽게 만들고, 백화점 이미지를 깎는지 미처 생각하지 못하는 것 같습니다. 당장 구매하지 않는다고 해서 그 사람이 백화점의 고객이 아니라고 할 수는 없습니다. 나는 그런 일로 투덜거리며 돌아가는 고객들을 자주 발견합니다. 신문이나 텔레비전에 엄청난 광고비를 지불하면서 불러들인 고객을 결국 우리 스스로 매장에서 쫓아내고 있는 것입니다. 개선할 방법이

118

없겠습니까?"

피터가 질문을 던지자 분분한 의견들이 쏟아져 나왔다. 곧 교육 프로그램을 짜서 전 직원이 의무적으로 일주일에 한 시간씩 수업을 받도록 하자는 데 의견이 모아졌다. 피터는 백지 위에 '화법 교육'이라고 적었다.

다음날은 교육 프로그램을 짜는 일이 진행되었고, 스피치 강사가 수배되었으며, 만반의 준비를 갖춘 기획서가 작성되었다.

그렇게 해서 완성된 보고서가 피터의 손에서 최종 심사를 거친 후 사장의 책상으로 올라가게 되었다. 제임스는 오후 내내 보고받은 기획안을 들여다보고 거듭 생각을 한 끝에 어렵게 입을 열었다.

"역시 자네는 대단하군. 3개월 만에 이런 것을 생각해내다니……. 하지만 이건 시간이 필요한 일이야. 예산도 적잖이 들 것 같고, '고객의 눈높이에 맞춘 디스플레이' 이것도 마찬가지…… '계절별 사은 이벤트' 이건 당장 다가올 봄 이벤트부터 시행해보도록 하고, 다른 사안들은 좀 더 시간을 두고 생각해보세."

제임스의 얼굴엔 변화를 두려워하는 빛이 역력했다. 경

기가 회복되면서 매출도 안정적인 성장세를 유지하고 있었다. 그는 지금의 편안함에 안주하고 싶은 모양이었다. 피터는 그의 책상 앞으로 바짝 다가섰다.

"당장 시작하면 일 년 후엔 이루어져 있겠지만, 미뤄두면 다른 백화점이 앞서가는 모습을 지켜보게 될 겁니다. 나중에 최고가 된 그들을 따라잡기 위해 고심하다 보면 분명 오늘의 결정을 후회하게 되겠지요."

피터의 확신에 찬 목소리에 제임스의 눈빛이 흔들렸다. 피터는 보고서에 적힌 항목들을 손가락으로 짚어가며 세부적인 사항들을 설명하기 시작했다.

최고의 백화점으로 올라서기 위한 프로그램이 시행되면서 피터의 하루는 다른 사람의 며칠같이 분주했다. 그즈음 제임스는 피터에게 자신이 살고 있는 빌딩으로 이사하기를 권했다. 피터는 바비 가족과의 이별이 내키지 않았지만 그의 마음속 '그 무엇'이 거처를 옮기도록 요구했다. 그는 자신에 대한 세 번째 투자로, 편의시설이 갖춰져 있고 직장에서 가까운 오피스텔로 이사하기로 결정했다. 집을 나오던 날 바비 어머니는 눈물이 그렁그렁한 얼굴로 피터의 손을 잡았다.

"시간이 나면 언제든지 놀러와요. 바비에게 미리 말해두면 피터가 좋아하는 음식들을 준비해둘게. 새 빵도 굽고⋯⋯."

그녀는 앞치마를 끌어올려 눈물을 찍어냈다. 피터는 그녀의 어깨를 꼭 끌어안았다. 그녀도 피터를 어머니처럼 안았다. 피터가 고등학교로 진학하기 위해 버지니아를 떠날 때도 어머니는 지금의 바비 어머니처럼 눈물을 흘리며 아들을 꼭 안아주었었다. 그땐 그것이 어머니와의 마지막 포옹이 될 줄은 상상도 못했었다. 피터는 한 발 뒤로 물러서

며 그녀의 얼굴을 들여다보았다. 다행히 그녀는 건강해 보였다.

바비 아버지는 덥수룩한 수염을 연신 어루만지며 섭섭한 표정을 감추지 못했다.

"자네 도움으로 논문의 뼈대를 잡을 수 있었네. 정말 고맙네."

피터는 그가 내민 손을 마주 잡았다.

"아직 저는 교수님 논문의 표본입니다. 논문이 완성될 때까지 계속해서 저를 지켜봐주세요. 저도 성실히 근황을 알려드리겠습니다."

인사를 마치고 집을 나서는데 바비가 짐 하나를 받아 들고 앞장서서 언덕을 내려갔다. 바비는 해맑게 웃으며 피터를 올려다보았다.

"제가 처음 아저씨를 만났던 날 기억하세요? 제 짐을 이렇게 들어주셨잖아요. 그날 저 언덕 너머에 걸렸던 무지개가 무슨 계시였을까요? 아저씨에겐 행운만 따라다니는 것 같아요."

피터는 고개를 저었다.

"바비, 이건 행운이 만들어낸 게 아니야. 내 안에 들어 있던 '그 무엇'이 나를 변화시키고 있는 거야."

피터는 들고 있던 짐을 내려놓고 바비 쪽으로 몸을 돌렸다. 그는 오래전 길에서 만났던 남자가 그랬던 것처럼 바비

123

의 눈을 들여다보았다. 티 없이 맑고 까만 눈동자가 피터를 올려다보고 있었다. 순간 소년의 눈동자에 비친 자신의 얼굴이 보였다. 피터는 문득 오래전 그 남자가 자신의 눈동자 속에서 본 것은 무엇이었을까 궁금했다. 소년의 눈은 미지에 대한 희망으로 가득했고, 그 눈동자와 마주친 순간 피터의 입은 얼어붙고 말았다. 그는 무심코 손을 내밀어 짐을 받아 들었다.

"바비, 도와줘서 고맙다. 또 만나자."

피터는 짐을 들고 내리막길을 빠르게 걸었다. 짐은 두 개의 가방이 전부였다. 바퀴 달린 커다란 가방 속에는 새로 마련한 양복 두 벌과 셔츠 두 장 그리고 몇 권의 책이 들어 있었다. 작은 가방에는 부랑자 시절에 입었던 낡은 옷과 세면도구들이 들어 있었다. 실직 후 살던 아파트에서 쫓겨날 때 들고 나왔던 짐과 같은 양이었다.

새 집이 있는 빌딩은 백화점 맞은 편 언덕에 있었다. 피터가 가방을 들고 빌딩으로 들어서자 경비원이 달려와 짐을 받아주었다. 엘리베이터를 타고 올라가는 동안 그는 피터에게 입주자가 치러야 할 절차에 대해 설명했다.

새 집은 정겨운 빵 냄새도 따뜻한 가족도 없는 공간이었지만 쾌적했다. 적당한 위치에 필요한 가구가 놓여 있었고, 일하기에 부족한 것은 아무것도 없었다. 침실 커튼을 걷으니 창밖으로 백화점이 있는 다운타운이 내려다보였다. 피터는 가장 먼저 작은 가방을 열어 낡은 코트를 옷장 속에 걸었다.

피터가 제안한 최고의 백화점 만들기 프로젝트는 차질 없이 진행되었다. 그러는 동안에도 피터는 매장 안을 돌아보는 일을 멈추지 않았다. 피터는 직원들의 마음가짐이 조금씩 바뀌어가고 있다는 확신이 들었다. 지속적인 교육의 효과였다. 불만에 차서 돌아가는 고객을 마주치는 일은 현저히 줄어들었고, 새로운 디스플레이에 대한 반응도 매우 좋았다. 그로부터 일 년 후, 그가 근무하는 백화점은 고객이 뽑은 지역 최고의 백화점으로 선정되었다. 서비스 만족도 1위에 매출도 J그룹 계열 백화점들 중 가장 높았다. 제임스는 피터를 너무도 신임한 나머지 자신의 업무를 맡겨놓고 긴 휴가를 떠날 정도였다.

어느 날 휴가에서 돌아온 그는 대단한 비밀이라도 간직한 얼굴로 피터의 방을 찾았다.

"이젠 자네와 헤어져야겠군."

그는 침통한 얼굴로 가장하려 애썼지만 눈빛에 넘쳐나는 유쾌한 기운을 숨기지 못했다. 피터는 비밀을 캐내려는 아이처럼 제임스를 의심이 가득한 눈길로 쳐다보았다. 더는 참고 있을 수 없어진 제임스는 피터에게 휴가 중에 있었던 일을 털어놓았다.

제임스는 휴가를 떠나기 전 J그룹 대주주인 그의 사촌을 만났다. 사촌은 늘 일에 파묻혀 지내는 사람이었다. 그는 휴가를 떠나는 제임스의 얼굴을 부러운 듯 바라보았다. 함께 점심 식사를 하던 중 제임스는 사촌으로부터 백화점 운영을 성공적으로 이끈 것에 대해 과분할 정도의 칭찬을 들었다. 그는 앞으로 확산시켜나갈 유통업 계열사들을 관리하고 차별화된 마케팅 전략을 펼쳐나갈 인물로 제임스 같은 인재가 필요하니 본사로 올라오라는 제안을 했다. 그의 사촌은 백화점을 성장시키는 데 공헌한 일등 공신이 따로 있다는 사실을 모르고 있었다. 매사에 안주하기를 좋아하는 제임스는 자신이 감당할 수도 없는 막중한 임무를 떠맡으며 본사로 올라가게 되는 것보다 지금의 백화점에 남아 있기를 원했다. 제임스는 자신이 경영하고 있는 백화점을 최고로 만들어놓은 인물이 따로 있음을 털어놓지 않을 수 없었다. 그는 사촌에게 피터에 관한 이야기를 들려주었다. 피터가 사촌이 찾는 인물이며, 훌륭히 임무를 완수할 자질을 갖추고 있다고 천거했다.

제임스의 사촌은 화제의 인물에 관심을 보였다. 2년이라는 짧은 기간 동안 이루어놓은 업적으로 볼 때 굉장한 인재라 여겨졌다. 더구나 그 인물이 회장이 비밀리에 키우고 있는 재원임이 틀림없다는 말에 사촌은 두말할 것도 없이 피터의 이름을 후보에 올려놓았다.

제임스는 이야기를 마치고 미리 준비해두었던 소개장을 피터에게 내밀었다. 그는 피터에게 소개장을 건네며 진심으로 감사의 마음을 전했다.

"고마웠네. 보내긴 아깝지만 언제까지나 자네를 여기에 묶어둘 수는 없지. 본사로 올라가게. 가서 퍼킨스를 만나 자네가 얼마나 유능한 인재인지 보여주게. 자네는 틀림없이 그곳에서도 대단한 활약을 펼칠 걸세."

제임스는 말을 마치고 어리둥절한 표정으로 자신을 바라보고 서 있는 피터를 부둥켜안았다. 피터는 이처럼 좋은 친구가 있는 직장에 오래도록 머물고 싶었지만 마음속 '그 무엇'이 또다시 자신의 등을 밀고 있음을 깨달았다.

1. 새로운 환경에 처했을 때 가장 먼저 시작해야 하는 일은 그 조직을 파악하는 일이다. 모른다는 것은 결코 창피한 일이 아니다. 되도록 많이 질문하고 성실하게 답변하라.

2. 누구에게나 이름이 있다. 이름을 부름으로써 자신이 누구인지, 무슨 직책을 맡고 있는지를 충분히 각인시켜라.

3. 책상에만 앉아서는 조직 전체의 분위기와 구조를 파악할 수 없다. 사무실 문을 열고 밖으로 나가라. 직접 보고 듣는 것만으로도 최고의 학습이 될 수 있다.

4. 열정적인 노력은 주위 환경을 변화시킨다. 자신만 발전하고 변화해서는 안 된다. 항상 자신과 더불어 주위의 변화에도 민감하게 반응하라.

5. 정신과 육체의 균형 있는 발전이 중요하다. 어느 한쪽으로만 치우친다면 또 다른 문제점을 초래할 가능성이 크다.

6. 조직의 최하부에 대해 관심의 끈을 놓아서는 안 된다. 뿌리의 작은 파동은 꼭대기에서 엄청난 양으로 확대된다. 반면 뿌리의 작은 움직임을 감지해낸다면 어떠한 큰 파동도 미연에 방지할 수 있다.

7. 변화와 혁신에 대한 실패를 두려워해서는 안 된다. 실패를 동반하지 않는 성공은 있을 수 없다는 사실을 명심하라.

회장은 머리를 갸웃거리더니 피터 쪽으로 고개를 돌렸다.

"이상하군. 한 번도 들어본 적이 없는 이름인데……."

퍼킨스는 회장의 얼굴을 보고 농담으로 하는 말이 아님을 알아차렸다.

그는 한동안 어쩔 줄 몰라하며 서 있다가

회장을 이끌고 방 밖으로 황급히 사라졌다.

피터는 두 사람이 나누는 이야기가 간간이 들려온 탓에

내용을 미루어 짐작하고 있었다.

그는 서류를 끝까지 검토하고 필요한 곳에 체크를 한 다음

퍼킨스의 책상 위에 올려놓고 퇴근했다.

Challenge

또 다른 도전의 시작

Challenge

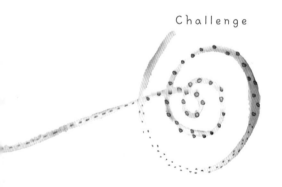

6

피터는 J그룹 빌딩 앞에 서서 건물을 올려다보았다. 너무도 낯익은 건물이었다. 2년 전, 저린 다리를 끌며 구걸을 다니던 길목에 서 있던 빌딩이었다. 피터가 자주 앉아서 쉬던 대리석 계단과 비를 피하던 처마 밑 자리엔 다른 부랑자가 터를 잡고 있었다. 피터의 머릿속에서 지난 2년의 시간들이 주마등처럼 스쳐 지나갔다. 그때 쭈그리고 앉아 있던 부랑자가 부스스 자리에서 일어서더니 행인의 옷자락을 끌어당기는 게 보였다. 행인은 부랑자의 손길을 매몰차게 뿌리치고 가던 길을 재촉했다. 피터의 귓가에서 오래전 남자의 목소리가 맴돌았다.

"배를 채우고 나면 그 다음엔 뭘 할 거요?"

그때 피터의 머릿속에 떠오르는 것은 아무것도 없었다. 미래를 생각하면 고통이 밀려왔고, 고통에 직면하지 않으려면 미래 따윈 생각하지 않는 것이 나은 날들이었다. 같은 날, 단 몇 분의 시간을 사이에 두고 자신에게 일어난 마법 같은 힘이 피터의 정신을 2년간이나 지배해온 것이었다. 그것은 낯선 남자의 말처럼 피터 안에 있었던 힘이었고, 누구에게나 있는 것들이었다.

피터는 윤이 나는 구두를 내려다보고 자신을 지금의 모습으로 J그룹 빌딩 앞에 서게 한 '그 무엇'이라는 힘을 생각했다. 그는 건물로 들어가는 회전문 앞에 서서 작지만 굳은 의지가 담긴 목소리로 중얼거렸다.

"나는 반드시 해낼 거야. 꼭 그렇게 될 거야."

화답이라도 하듯 회전문이 피터를 감싸 안으며 싸늘한 거리에서 따뜻한 건물의 품안으로 들여놓았다.

퍼킨스의 사무실은 넓고 호화로웠다. 방 한쪽으론 유리 칸막이가 세워져 있고 그 안에 몇 가지의 운동기구들이 갖추어져 있었다. 전면이 창으로 되어 있는 넓은 방 한편에

커다란 책상이 놓여 있고, 다른 한편엔 탁자와 편안해 보이는 안락의자 세트가 놓여 있었다. 누군가와 통화를 하던 퍼킨스는 피터가 들어서자 급히 화제를 마무리하며 안락의자 쪽 자리를 가리켰다. 엉거주춤한 자세로 피터가 자리에 앉았다. 퍼킨스는 인터폰을 눌러 비서에게 뭔가를 지시하더니 피터 앞으로 걸어왔다. 피터는 자리에서 일어서 퍼킨스에게 자신을 소개했다.

"피터 앤드류스입니다. R지점 제임스 사장의 소개로 왔습니다."

"퍼킨스요."

둘은 인사를 나누고 나서 자리에 앉았다. 퍼킨스는 피터의 얼굴을 찬찬히 살폈다.

"이상하군. 이름은 들어본 적이 없는데 얼굴은 확실히 낯이 익어."

퍼킨스가 혼잣말처럼 중얼거렸다. 그는 피터를 어디서 만났었는지 잠시 기억을 더듬는 눈치였다. 좀체 기억이 나지 않는지 고개를 갸웃거리다가 이내 자세를 고쳐 잡으며 대화를 이어갔다. 그는 대단히 호의적인 목소리로 피터의 업무실적에 대해 자신이 얼마나 상세히 알고 있는지 이야기했다.

이야기를 나누는 동안 퍼킨스의 행동에서 까닭 모를 조바심이 느껴졌다. 그는 이야기하는 도중 몇 번이나 수첩을 뒤적이며 방금 전에 자신이 말한 지명이나 회사명 또는 사람의 이름까지 다시 확인하는 버릇이 있었다. 그의 수첩에는 자신만이 알아볼 수 있는 엄청난 정보들이 암호처럼 적혀 있었다. 피터는 그가 일중독에 빠져 있는 사람이며, 대단한 노력으로 자신의 위치를 지키고 있는 사람이라는 것을 간파했다. 퍼킨스는 이해되지 않거나 자신이 이야기에 집중하지 못해 놓친 단어가 있으면 곧바로 다시 물어 확인했다. 피터는 새로 개장할 백화점들에 보완되어야 할 몇 가지 아이템을 간단명료하게 설명했다. 세부적인 설명은 피했다. 그러나 준비는 철저히 해두었으므로 퍼킨스의 질문이 떨어지면 지체 없이 해답을 내놓았다. 퍼킨스는 대단히 흡족해했다. 두 시간의 면접 끝에 피터는 결국 퍼킨스에게 인정을 받았다. 퍼킨스는 앞으로 피터가 사용하게 될 방으로 그를 안내했다.

며칠 후, 피터는 회사에서 가까운 호텔로 거처를 옮겼다. 아담한 호텔의 스위트룸은 편안하고 쾌적했다. 무엇보다 가사와 출퇴근에 소요되는 시간이 절약되어 일과 공부에 전념할 수 있게 되었다. 피터는 제일 먼저 J그룹에 대한 자료들을 수집했다. 백화점에서 근무할 때, 창고에서부터 배송에 이르기까지 세세하게 둘러보고 다니며 문제와 해결점을 찾아냈던 것처럼 J그룹이라는 지도를 파악해 머리에 넣어두려는 것이었다.

피터는 그동안의 경험을 통해 조화와 균형이 깨진 곳에

서는 언제나 문제가 발생한다는 것을 몸으로 느끼고 있었다. 퍼킨스의 짐을 덜어주기 위해서는 먼저 자신에 대한 신뢰를 쌓아야 한다고 생각했다. 퍼킨스의 조바심은 자신만을 믿는 데서 오는 것이었다. 그는 자신의 능력을 초과해서 일을 맡고 있으면서도 마음 편히 누군가에게 도움을 청할 줄 모르는 사람이었다.

피터는 그의 앞에서 언제나 솔직한 모습을 보여주었다. 결점조차도 스스럼없이 드러내 보이는 피터를 보고 퍼킨스는 적잖은 충격을 받았다. 피터의 취향이 너무도 서민적인 것에 놀라워했다. 그러나 피터는 자신을 과장하지도, 다른 어떤 것으로 포장하지도 않았다. 누구도 믿을 마음이 없는 사람에게 신뢰감을 심어주기 위해서는 솔직한 것보다 더 좋은 방법은 없다고 생각했다. 그는 시간이 걸리고 노력이 두 배로 요구되는 일이라도 정확하게 업무를 처리했다. 피터는 그렇게 조금씩 신뢰를 쌓아갔다.

3개월쯤 지났을 때, 퍼킨스는 피터와 절친한 사이가 되었다. 그는 자신의 고민거리를 털어놓기 시작했고, 피터는 비로소 그에게 도움을 줄 수 있었다. 퍼킨스는 처음엔 피터가 위로부터 경영수업을 받고 있는 사람이기 때문에 신뢰했지만, 이젠 아무래도 상관없었다. 그는 스스로 피터의 성실함과 솔직함에 기댔다. 같은 고민거리를 놓고 전혀 새로운 각도에서 해결점을 찾아내는 피터의 창의적인 면에 신선한 충격을 받고 있었다.

어느 날 피터는 지금까지 자신에게 일어난 일들이 행운 때문에 가능했던 건 아니었는지 의구심이 일었다. 그의 내면에서 깨어나고 있는 '그 무엇'으로 인해 떠밀리듯 지금의 위치에 온 것 같은 느낌을 털어버릴 확신이 필요했다. 그는 스스로 한 가지 일에 도전장을 내기로 결심했다. 자신이 노력하고 연구한 결과를 확실하게 보여줄 수 있는 한 가지. 그것은 생각보다 쉽게 찾을 수 있었다. 퍼킨스는 매출이 부진한 몇 개의 지점을 놓고 고민 중이었다. 대부분 퍼킨스 자신이 천거한 지역의 지점들이었으므로 그에게는 심리적으로 큰 타격이 되었다.

피터는 매출이 형편없이 떨어져 매각 고려대상인 지점 하나를 붙잡고 퍼킨스에게 제안했다. 매각 결정을 6개월간 보류시켜줄 것과, 6개월이 경과한 시점에서 설문조사를 통해 백화점 이미지가 개선된 것이 확인되고 매출이 오르기 시작하면 매각 대상인 다른 지점들도 자신이 시행한 기획을 적용해줄 것을 요구했다.

퍼킨스는 한동안 말이 없었다. 피터가 추진하고자 하는 프로젝트는 다소 무모해 보이기까지 했다. 거기에 힘을 실어주었다가 잘못되기라도 하는 날엔 모든 비난의 화살이 자신에게 쏟아질 것이 분명했다. 자신의 판단력에 대한 이미지가 실추되는 것도 두려웠다. 이미 여러 차례 마케팅 전략을 바꿔가며 회생시켜보려는 노력을 기울였으나 모두 실패한 뒤였다. 그러나 또 한편으로는 피터를 믿어보고 싶은 욕망이 간절하게 끓어올랐다. 그러면 혹시 해낼지도 모른다는 막연한 믿음이 있었기 때문이다. 퍼킨스는 피터가 R 지점에서 올린 성과들을 떠올렸다. 무엇보다 확신에 찬 피터의 모습이 퍼킨스의 마음에 갈등을 일으키고 있었다. 피터는 갈등이 고조되고 있는 퍼킨스의 눈을 들여다보며 다시 한번 희망을 부추겼다.

"퍼킨스 씨, 위대한 성공은 부정적인 요인들을 받아들이고 그것을 호전시키는 것에서 비롯됩니다. 부정적이라고 해서 피해 달아나면 같은 장애를 만났을 때 다시 달아나야 합니다. 이번에 우리가 이 장애를 극복하고 나면 다음에 올 장애를 미리 치우는 결과를 얻게 될 겁니다. 왜냐하면 한번 극복한 장애는 더 이상 장애가 아니기 때문입니다. 무엇보다 저는 문제의 매장이 가지고 있는 가능성에 확신을 가지고 있습니다. 6개월이면 너무 기간이 촉박하긴 하지만 가능성을 확인하는 데는 충분한 시간입니다. 문제의 지점은 경쟁 백화점들이 밀집해 있는 지역입니다. 그만큼 상권이 좋다는 얘기지요. 거기에서 밀려난다면 우리 회사의 이미지에 엄청난 손상을 가져올 것입니다. 매각은 절대 안 됩니다."

퍼킨스는 피터의 강력한 주장에 무겁게 지고 있던 한 짐을 내려놓았다.

"그걸 우리가 모르겠나. 그래서 쉽게 매각 결정을 내리지 못하고 있었던 것 아닌가. 실은 자네의 자신감을 확인하고 싶었네. 문제의 지점은 내 치부와도 같은 곳이야. 그곳은 타사 백화점들이 철옹성을 쌓고 있는 지역이어서 모두가 뚫고 들어가기를 꺼려했었지. 상대적으로 규모가 작은 우리 백화점이 살아남을 가능성은 적다고들 말했어. 결과는 곧 확인되었지. 하지만 우리가 반전시킬 수만 있다면 정말이지 행복한 일이 될 거야. 자네 말대로 장애를 극복하는 기적을 눈앞에서 보게 되는 것 아니겠나?"

피터는 머리를 저었다.

"그건 기적이 아닙니다. 반드시 일어날 일입니다."

퍼킨스는 피터의 눈을 마주 보았다. 비록 표정은 담담했지만 눈빛은 한 치의 흔들림도 없는 확신에 차 있었다.

퍼킨스는 사장단회의를 통해 6개월간 시간을 버는 데 성공했다. 피터는 곧장 해당지점으로 달려가 원인 조사에 착수했다. 문제의 P지점은 거대 백화점들에 둘러싸여 있었다. 백화점들은 고객의 발길을 잡기 위한 전략으로 갖가지 세일을 진행하고 있었다. 마치 경쟁이라도 하듯 기발한 사은품과 화려한 볼거리를 제공했다. 문제의 지점은 확실히 경쟁사들과 차별화된 전략이 필요했다. 피터는 자신이 R지점에서 이미 검증받았던 전략에 대한 미련을 모두 버렸다. 상대적으로 규모가 작은 것을 장점으로 만들 묘안이 필요했기 때문이다.

피터는 매일 녹초가 될 때까지 P지점 일대의 경쟁사들을 둘러보고 다녔다. 그리고 마지막으로 P지점을 살핀 후 호텔로 돌아가 자료더미 위에 머리를 묻고 잠이 들었다. 매일 같은 일을 반복하는 동안 피터의 머릿속에는 한 가지 느낌이 자리를 잡았다. 경쟁사의 백화점들은 모두 지겨울 정도로 같은 이미지를 풍기고 있었다. 밤에 잠자리에 누워 하루 종일 무엇을 보았는지 생각해보면 여러 개의 백화점이 모두 비슷한 모습으로 떠올랐다. 문제의 P지점도 마찬가지였다. 피터는 차례대로 다른 상가를 돌아다녀보고 나서 P지점 문을 밀고 들어섰을 때 어떤 풍경이 펼쳐져 있어야 좀더 색다른 느낌을 가질 수 있을지 머릿속에 그려보았다.

3주 후 피터는 본사로 돌아가 퍼킨스와 마주 앉았다. 퍼킨스는 피터의 생각을 듣고 눈이 휘둥그레졌다.

"아니, 자네 지금 제정신인가? 아직 불황에서 완전히 벗어난 것도 아닌데 최고급화라니? 그나마 오던 발길조차 끊어버리게 될 걸세. 사은행사다 세일이다 법석을 떨어가며 다들 고객을 끌어들이는 판에 그게 될 소린가?"

피터는 완강히 머리를 저었다.

"규모가 작으니 더욱 유리합니다. 사람들이 굶주리고 있다고 해서 모두가 그런 것은 아닙니다. 일부 사람들은 여전히 고급 승용차를 타고 명품숍들을 돌아다니며 특별하게 대접받는 것을 즐기는 맛에 쇼핑을 다닙니다. 그런 사람들은 세일품들을 거들떠보지도 않습니다. 지갑을 열고 고액을 쓰고자 하는 사람들에게 최고의 상품과 서비스를 준비해주는 것입니다. 다수의 발길을 잡는 마케팅이라면 이미 여러 차례 실패했잖습니까? 모두가 같은 방법을 쓰고 있습니다. 확실한 차별화, 그것이 방법입니다. 제게 주어진 시간 동안 변신을 시도해볼 수 있게 해주십시오."

피터는 구체적인 사안들이 적힌 서류를 퍼킨스 앞으로 밀어놓았다. 퍼킨스는 사흘을 누군가와 의논하고 고민한 끝에 피터의 제안을 수용했다. 문제의 P지점은 피터 앞으로 떨어졌고, 그는 곧 그곳으로 파견되어 본격적인 업무를 시작했다.

약속한 6개월이 지났을 때 P지점은 새로운 모습으로 거듭났다. 그러나 시간이 너무 짧아서 충분한 홍보가 이루어지지 못한 게 흠이었다. 더구나 설문조사로는 그 결과를 확인할 길이 없었다. 특권층들이 이용하는 상가가 되었기 때문이었다. 매출은 제자리걸음이거나 약간 오르거나를 반복했다.

약속한 기일이 되었을 때, 피터는 퍼킨스 앞으로 돌아왔다. 그는 P점에 대한 가능성을 확인했지만 약속한 결과는 없는 상태였다. 오히려 몰락해가는 백화점을 개선하느라든 비용 때문에 보기에 따라선 새 프로젝트가 실패한 것처럼 보였다. 그러나 피터는 호언했던 것에 대한 후회 같은 건 하지 않았다. 그는 여전히 결과에 대해 낙관하고 있었고, 퍼킨스와 다른 이사들이 좀 더 인내심을 발휘해주기를 바랄 뿐이었다.

퍼킨스는 피터에게 주어진 시간이 너무 짧았다는 것을 인정했다. 그는 피터를 믿고, 늦게라도 매각을 서두르자는 의견을 온몸으로 막고 있었다. 퍼킨스의 결단은 곧 보상을 받았다.

시간이 흐르자 P지점은 P스트리트의 명품매장으로 자리매김을 하기 시작했다. 매출도 눈에 띄게 늘어났다. 1년 내내 세일이나 특별행사 같은 걸 기획하지 않아도 오히려 P지점을 이용하는 것에 자부심을 느끼는 고객이 늘어났다. P지점은 황금알을 낳는 거위가 되었다. 희소성을 가진 명품매장의 특성 때문에 다른 지역에서 일부러 찾아오는 고객들이 끊임없이 늘어났다.

피터와 퍼킨스 그리고 제임스는 함께 고민거리를 멋지게 해결한 것에 대해 축배를 들었다. 퍼킨스는 그 어느 때보다도 강한 성취감을 맛보았다. 공적도 고스란히 퍼킨스 차지가 되었다. 퍼킨스는 자신의 사무실과 피터의 방을 한 공간으로 개방해서 가운데다 회의를 위한 테이블을 만들었다. 그는 피터에게만은 자신의 고민을 스스럼없이 털어놓았다. 피터는 혈연 이외의 사람에게는 절대 마음을 트지 않기로 정평이 나 있는 퍼킨스의 가까운 친구이자 업무 파트너가 된 것이다.

어느 날, 퍼킨스의 방에 회장이 방문을 했다. 회장은 퍼킨스와 마주 앉아 회사의 주요 사안들에 대해 긴밀히 의논하고 있는 피터를 보았다. 그는 눈짓으로 퍼킨스를 불러 함께 앉아 있는 사람이 누구인지 물었다. 퍼킨스는 의아한 표정으로 대답했다.

"피터 앤드류스잖습니까. 백화점에서 회장님이 기대하신 이상의 성과를 올리고 작년에 중책을 맡아 본사로 올라왔습니다. 역시 회장님은 안목이 높으십니다."

회장은 머리를 갸웃거리더니 피터 쪽으로 고개를 돌렸다.

"이상하군. 한 번도 들어본 적이 없는 이름인데……."

퍼킨스는 회장의 얼굴을 보고 농담으로 하는 말이 아님을 알아차렸다. 그는 한동안 어쩔 줄 몰라하며 서 있다가 회장을 이끌고 방 밖으로 황급히 사라졌다. 피터는 두 사

람이 나누는 이야기가 간간이 들려온 탓에 내용을 미루어
짐작하고 있었다. 그는 서류를 끝까지 검토하고 필요한 곳
에 체크를 한 다음 퍼킨스의 책상 위에 올려놓고 퇴근했다.

　피터가 호텔 스위트룸으로 돌아온 지 한 시간쯤 지났을
때 퍼킨스가 그를 찾아왔다. 퍼킨스의 얼굴은 평소보다 많
이 굳어 있었다. 피터는 그에게 자리를 권하고 나서 가죽소
파에 깊숙이 몸을 묻었다. 퍼킨스는 당황한 기색이 역력했

다. 그는 자리에 앉지도 않고 황망히 카펫 위를 서성이다가 두서없이 말을 이었다.

"자네는 확실히 나를 착각하도록 만들었어. 나는 자네가 회장님의 가까운 핏줄일 거라고 생각했어. 왜 그런 거 있잖나? 오래전에 잃어버렸던 조카를 찾았다든가, 젊은 시절에 캠퍼스 커플이었던 여자를 임신시킨 줄도 모르고 있다가 뒤늦게 밝혀져서 얻게 된 아들이라든가…… 갑자기 공개적으로 내놓긴 뭣하지만 소중한 그런 존재 말일세. 영화 같은 데서는 흔한 스토리지. 그런데 오늘 회장님이 내게 자네를 생면부지라고 밝힌 거지. 그 양반이 오히려 내게 야단을 치더군. 잘 알지도 못하는 인물을 막중한 책임이 부여된 자리에 앉혀놓았다고 말이야. 물론 나는 자네가 그 자리에 앉아도 좋을 만큼 유능하고 믿을 만한 사람이라는 것을 알고 있네. 하지만 도무지 이해가 되지 않아."

퍼킨스는 잠시 말을 끊고 한숨을 쉬었다. 피터가 침착한 목소리로 물었다.

"제가 뭘 잘못했나요? 당신을 곤경에 빠뜨렸습니까?"

퍼킨스는 고개를 저었다.

"아니, 생각해보았지만 자네는 내게 착각을 일으킬 만한

말이나 행동을 한 적이 없어. 제임스에게 들은 이야기로 내가 멋대로 상상한 것뿐이야. 제임스도 그러더군. 자네에게 직접 들었던 적은 없다고 말이야. 내가 이해할 수 없는 것은 자네가 어떻게 급속히 이 자리까지 올 수 있었는지에 대해서야. 아무도 자네의 출신을 모르는 상황에서 말이야. 우리 회사의 중역은 대부분 출신이 분명한 사람들로 이루어져 있네. 출신성분은 나와 회장님이 인재를 등용할 때 제일 먼저 따지는 부분이네. 자, 이제 말해주겠나? 자네가 어떤 사람인지에 대해서."

퍼킨스는 말을 마치고 피터의 앞에 놓인 소파에 마주 앉
았다.

"네, 그러지요."

피터는 진지한 표정으로 대답하고 나서 이내 노래하듯
경쾌한 목소리로 자신의 이력을 말하기 시작했다.

"저는 버지니아의 작고 조용한 마을에서 가난하지만 정
직한 부모님들의 아들로 태어났어요. 제가 자란 마을은 평
화롭고, 이웃 간에 정이 돈독한……"

듣고 있던 퍼킨스가 갑자기 손을 내저으며 피터의 말을

잘랐다.

"아니, 부모님이나 이웃, 뭐 그런 거 말고 자네가 도대체 누구의 후광을 입고 이곳에 왔는지, 그런 거 말일세. 그러니까 자네를 밀어주는 사람이 누구인지, 연줄이나 인맥을 말하란 말이네. 누가 자네를 입사시켜주었지?"

피터는 다시 소파에 등을 기댄 채 눈을 감았다. 그는 스스로에게 질문을 던져보았다.

'나는 어떻게 해서 지금 이 자리까지 왔을까?'

그는 영상 테이프를 되감기하듯, 현재를 기점으로 과거를 향해 달려갔다. 문득 그는 오래전 비 오는 거리를 떠돌던 그날의 생생한 기억으로 돌아가 있었다. 그의 앞에는 낯선 남자가 서 있었다. 남자는 피터에게 뭔가 질문을 던져놓고, 대답을 기다리고 있는 상태였다. 피터는 그의 질문을 떠올렸다.

"배를 채우고 나면 그 다음엔 무얼 할 거요?"

피터는 번쩍 눈을 떴다. 그의 앞에는 퍼킨스가 눈을 동그랗게 뜬 채 피터의 입에서 나올 대답을 기다리고 있었다.

피터는 자리에서 일어나 옷장 앞으로 걸어갔다. 옷장을

열자 가지런히 걸려 있는 정장들이 먼저 눈에 들어왔다. 피터는 옷들을 젖히고 맨 끝에 걸려 있는 낡은 코트를 찾아냈다. 주머니에 손을 넣자 명함 한 장이 손에 잡혔다. 한 번도 내용을 본 적이 없는 명함이었다. 그러나 명함의 모서리엔 손때가 잔뜩 묻어 있었다. 바로 그였다. 피터를 지금 이 자리까지 오게 만든 사람.

피터는 명함을 눈앞으로 들어 올려 처음으로 내용을 읽어보았다. '매튜 모리슨 랜돌프'. 그것이 그 낯선 남자의 이름이었다. 피터는 마음속에 그 이름을 새긴 후, 퍼킨스의 앞으로 돌아가서 명함을 내밀었다.

"바로 이 사람이 나를 여기까지 이끈 분입니다."

명함을 받아 든 퍼킨스는 거기에 적힌 이름을 보고 믿을 수 없다는 표정을 지었다.

"자네를 입사시킨 사람이 랜돌프란 말인가? 이런 세상에! 그런데 왜 그는 회장님이나 내게 자네 이야기를 한 번도 안 한 거지?"

퍼킨스의 말에 피터는 어리둥절한 표정이 되었다. 그것은 실로 불가능에 가까운 우연이었다. 누구나 말도 안 되는 일이라고 일별해버리고 말 일이 자신에게 일어난 것이었다.

랜돌프가 J그룹의 대주주라는 사실에 피터는 놀라움을 금치 못했지만, 퍼킨스는 안도의 숨을 내쉬었다.

"그럼 그렇지. 자네가 아무런 후광도 없이 여기까지 왔을 거라고는 믿지 않았네. 회장님이 묻기 전에 이 사실을 알았더라면 좋았을걸."

피터는 웃음기 머금은 얼굴로 명함을 돌려받으며 대꾸했다.

"아무도 이런 사실을 미리 말해줄 수 없었을 겁니다. 저나 랜돌프 씨조차도."

"왜지?"

퍼킨스는 이해할 수 없다는 듯 물었다.

"그건 랜돌프 씨에게 전화해보시면 알 수 있을 겁니다."

퍼킨스는 전화기를 바라보며 머뭇거리고 있었다. 피터는 수화기를 들어 퍼킨스에게 건네며 채근했다.

"전화를 걸어보세요."

퍼킨스는 수화기를 받아들고 번호를 눌렀다. 잠시 후, 수화기 저편에서 상대방 목소리가 흘러나오자 퍼킨스는 다짜고짜 따지듯 물었다.

"아, 랜돌픈가? 나 퍼킨스네. 자네와 내가 사람을 뽑을

때마다 의견이 엇갈리는 것은 인정하겠네. 그렇다고 이런 수를 써야 했는가? 내게는 미리 귀띔이라도 해주었어야지. 아, 이 사람이 누군 누구야, 피터 말이지. 피터 앤드류스! 뭐라구? 처음 들어보는 이름이라니? 모두 밝혀진 마당에 시치미 떼기는……. R백화점에서 내가 본사로 불러올린 인물 말일세. 이번 P지점 건으로 내가 자네와 상의했을 때 그것이 내 생각인지 물었지? 그래, 어차피 알게 될 테니 말하겠네만 그것도 피터의 생각이었네. 이젠 만족하는가? 자네가 이런 식으로 날 이기려 했다니 정말 실망이네. 흥분하지 말라니. 내 손으로 자진해서 본사 상무이사 자리를 내주게 만든 게 바로 자네의 작전 아닌가? 내가 재원을 뽑을 때 어떤 기준을 내세우는지는 자네가 더 잘 알지 않나? 뭐? 그럼 자네가 입사시킨 게 아니란 말인가? 대체 이게 어떻게 된 일이야?"

퍼킨스는 수화기를 얼굴에서 떼고 어리둥절한 눈으로 피터를 바라보았다.

"제가 직접 통화해보는 게 낫겠군요."

피터는 손을 내밀어 수화기를 받아 들었다. 피터는 마음을 진정시키고 목소리를 가다듬은 다음 통화를 시작했다.

"랜돌프 씨, 저는 피터 앤드류스입니다. 당신은 제 이름을 들어본 적이 없으실 겁니다. 한 번도 서로 이름을 말한 적이 없으니까요. 하지만 당신은 3년 전에 한 거지가 길에서 빵을 구걸했던 일을 기억하실 겁니다."

차분한 목소리로 당시의 상황을 설명하자, 수화기 저편에서 듣고 있던 랜돌프가 입을 열어 느긋하게 대꾸했다.

"계속해보세요. 그래서요?"

피터는 오래전 기억이 되살아나 가슴이 울컥거리는 것을 억누르며 이야기를 계속했다.

"그때 J그룹 건물 앞을 지나가는 당신의 옷자락을 잡고 먹을 것을 구걸했던 거지가 바로 접니다. 당신은 제게 필요한 것은 음식이 아니라 '그 무엇'을 찾는 것이라고 말씀하셨습니다. 그것이 어디에 있냐고 묻자, 당신은 제 안에 모든 것이 다 있다고 말씀하셨죠. 저는 그것을 찾았습니다. 그리고 활용하는 법도 배우게 되었어요. 제가 어떻게 이 자리까지 오게 되었는지 모든 것을 설명할 수 있게 제게 시간을 내주지 않으시겠습니까?"

랜돌프는 두말할 필요도 없이 호텔로 오겠다고 약속했다. 옆에서 통화내용을 듣고 있던 퍼킨스의 얼굴이 하얗게

질려 있었다. 그는 피터에게 무슨 말인가를 하려다가 그만 입을 다물어버렸다. 피터는 그에게 생수 한 잔을 가져다주었다. 그가 벌컥거리며 물을 마시는 동안 피터는 다시 전화기 앞으로 다가가 바비의 아버지인 앤더슨 씨에게 전화를 걸었다.

피터의 리포트

1. 신뢰가 가지고 있는 가능성의 힘은 무한하다. 주위 사람들에 비해 자신이 처리하는 일이 많아진다면 스스로 얼마나 상대를 신뢰하고 있는지부터 체크하라. 믿고 일을 맡기는 것은 스스로 완벽하게 그 일을 처리하는 것보다 훨씬 중요하다.

2. 누구도 믿을 수 없다고 말하는 사람에게 솔직함만큼 신뢰를 주는 것은 없다.

3. 한번 극복한 장애는 더 이상 장애로 작용하지 않는다. 그것이 부정적이라고 피해 달아나면 같은 문제에 직면했을 때 또 도망칠 수밖에 없다.

4. 자신이 이룩한 성과에 대해 스스로 기적이라고 말하지 마라. 그것은 반드시 이루어질 수밖에 없게끔 만들어진 결과이다.

5. 이미 성공한 기획에 대한 미련은 빨리 버릴수록 좋다. 새로운 프로젝트에 접했을 때는 새로운 기획으로 승부하라.

한 시간 후, 피터의 앞에는 세 사람이 앉아 있
었다. 랜돌프는 피터가 처음 길에서 만났을 때처
럼 수수한 옷차림이었다. 그가 거대 회사의 대주
주라고는 누구도 생각하지 못할 만큼 평범한 차
림이었다. 앤더슨 씨는 스스로 표본이 되기로 했
던 피터가 어떤 결론에 도달했는지 궁금해서 견
딜 수 없다는 표정이었다. 퍼킨스는 복잡한 심경
을 얼굴에 그대로 드러낸 채 피터를 주시하고 있
었다.

피터는 2년 전 길에서 랜돌프를 만난 후부터
지금까지 자신에게 일어난 일들을 이야기하기 시
작했다. 이야기가 진행되는 동안 랜돌프는 이따

금씩 고개를 끄덕였다. 앤더슨 씨는 작고 까만 눈을 반짝이면서 듣고 있다가 질문하고 싶은 대목이 나오면 몸을 움찔거리며 참는 기색이 역력했다. 퍼킨스는 턱을 고이고 믿을 수 없다는 듯이 머리를 가로저었다. 그러나 그는 이미 피터가 찾은 '그 무엇'이란 것이 발휘하는 능력을 경험해서 알고 있는 터였다. 부정하려 하면 할수록 자신이 구축해놓았던 고정관념의 성곽이 깊은 곳에서부터 균열을 일으키는 것 같았다. 평소 같으면 버지니아의 작은 마을에서 흘러온 촌뜨기의 말 따위에 귀 기울이고 앉아 있을 자신이 아니었다. 더구나 부랑자 출신이라니……. 몇 년 전 이태리 음식점에서 점심을 먹으며 랜돌프와 나누었던 이야기가 떠올랐다. 그는 연신 고개를 끄덕이고 있는 랜돌프의 옆얼굴을 흘깃 쳐다보았다. 랜돌프의 얼굴엔 승리감이 조금씩 번지고 있었다.

피터의 긴 이야기는 끝났지만 누구도 입을 열지 않은 채 한동안 침묵이 이어졌다. 제일 먼저 입을 연 것은 랜돌프였다.

"자, 그럼 이제 대답해보겠나? 자네는 '그 무엇'이 과연 무엇이라고 생각하나?"

피터가 대답 대신 머리를 가로저었다.

"이미 모두들 알고 계실 겁니다. '그 무엇'은 하나의 단어로 함축할 수 있는 것이 아니라는 걸 말입니다. 굳이 제 방식대로 설명하자면, 그것은 영혼의 엔진을 가동시키는 연료, 즉 내적 힘입니다."

랜돌프가 고개를 끄덕였다.

"그렇네. 그것이야말로 인간에게 절대적으로 꼭 필요한 한 가지일세. 자네는 그것으로 빠른 시간 내에 대기업의 중역이 되었네. 다른 누군가가 그것으로 그림을 그리고자 한다거나 춤을 추고자 한다면 언젠가는 원하는 것을 이루게 되는 것과 마찬가지 이치일세. 그러나 그것은 스스로 찾아 일깨우기 전에는 계속해서 영혼 속에 잠들어 있을 뿐이지. 내가 그날 자네에게 빵 한 덩이를 주고 말았다면 자네는 몇 시간 뒤에 다시 누군가의 옷자락을 잡는 일을 되풀이하고 있었을 걸세.

하지만 일깨워준다고 해서 누구나 깨어나는 것은 아니야. 나는 길에서 구걸하는 많은 사람들에게 자네에게 했던 말을 해주었네. 그럼에도 불구하고 달라진 모습으로 내게 전화를 걸어온 건 자네뿐일세. 나는 여기 있는 퍼킨스와 몇 년 전에 내기를 했었네. 아마 자네를 만난 직후였을 거야. 그렇지 않나, 퍼킨스?"

퍼킨스는 체념한 목소리로 대답했다.

"그랬었지. 랜돌프와 난 항상 인사권을 놓고 다툼을 벌였었어. 랜돌프는 아래로부터 착실히 계단을 밟아온 사람을 등용해야 한다고 주장했었고, 나는 어려서부터 재력이 있는 집안에서 자란 사람이 아니면 믿지 않았었네. 그들에겐 타고난 능력이 있다고 믿었기 때문이지. 그래서 어리석은 장담을 하게 된 걸세. 랜돌프가 일깨운 부랑자들 중 누구 하나만이라도 내가 인정할 만큼 성공해서 나타난다면 그 이후로는 모든 인사권을 그에게 넘기겠다고……."

퍼킨스가 말끝을 흐리자 랜돌프가 앞질러서 친

구의 상실감을 덜어주었다.

"됐네. 난 자네가 앞으로 사람 보는 눈이 조금 은 달라질 것이라고 믿네. 자네가 호언했던 다른 건 받을 생각이 없어."

그때까지 줄곧 침묵을 지키고 있던 앤더슨 씨가 두 사람의 사적인 약속 따위는 관심이 없다는 듯 화제를 돌려놓았다.

"그런데 피터. 자네의 경우는 상당부분 행운이 따라주었다고 봐야 옳지 않겠나?"

피터는 기다렸다는 듯이 그의 질문에 단호한 눈빛으로 대답했다.

"아닙니다. 행운이었다면 여기까지는 오지 못 했을 겁니다. 행운은 왔다가 곧 가버리는 것이니 까요. 제가 앤더슨 씨의 논문에 한 표본이 되어 드리겠다고 말씀드렸지요? 그래서 저는 한 가지 규칙을 세웠습니다. 선택의 기로에 서게 됐을 때 는 반드시 긍정적인 쪽으로 방향을 잡았습니다. 때로는 버리거나 물러나는 것이 더 이로울 때가 있습니다. 하지만 저는 표본이기 때문에 선택의

165

여지가 없었습니다. 정해진 방향으로 가는 수밖에요. 때문에 장애가 생기면 돌파해야 했습니다. 그럴 때마다 '그 무엇'은 길이 없을 것 같은 곳에 길을 만들어주었습니다."

앤더슨 씨는 잠자코 앉아 있었다. 그의 머릿속은 혼란으로 가득했다. 피터가 지난 이야기를 하고 있을 때 보였던 타오르는 눈빛은 어느새 사그라들고 말았다. 그는 피곤한 표정으로 고개를 가로저었다.

"아니야. 행운이 아니라면 이런 일은 일어나지 않아. 나는 그동안 내가 진정으로 원하는 것이 무엇인지 모르고 살아왔다고는 생각하지 않아. 하지만 나는 몇 년 동안 줄곧 좌절을 거듭해왔어. 특별한 이유도 없이 교수직에서 물러나야 했고, 가세가 기울었어. 획기적인 주제로 논문을 써서 재기하려 했지만 아직도 완성하질 못하고 있네. 내겐 행운이 따라주지 않았다고밖에 생각되지 않아. 나의 잔은 비탄과 좌절 그리고 끝없는 후회로 채워져 있을 뿐이야."

　갑자기 랜돌프가 더는 듣고 있을 수 없다는 듯이 앤더슨 씨의 어깨를 잡고 세차게 흔들었다.

　"바보철학일랑 집어치워요! 당신은 과거의 상처를 돌이켜 곱씹으며 시간을 허비하고 있소. 행운으로 성공한 사람은 없소. 자신의 실패를 똑바로 바라보시오. 괴롭다고 외면하고만 있으면 길은 찾아지지 않소. 실패의 원인을 찾아내지 않고 다시 무엇을 시작한다면 그 앞엔 다른 실패가 기다리고 있을 뿐이오. 당신 안에 잠재해 있는 '그 무엇'을 찾으시오. 그것은 바로 당신이 간절히 소망하는 곳으로 이르게 하는 탄탄한 길이오."

앤더슨 씨는 열변을 토하고 있는 랜돌프를 뚫어져라 쳐다보았다. 마치 랜돌프의 눈 속에 자신이 찾고자 하는 해답이 들어 있기라도 한 듯……. 랜돌프는 차분한 목소리로 말을 이었다.

"자신의 내면에서 그것을 끄집어낸 사람은 모두 각자의 분야에서 성공을 거두었소. 결코 행운에 기댄 것이 아니오. 어떤 사람은 그것을 깨우지 못해 자신의 황금 같은 시기를 의미 없이 흘려보내지만 어떤 사람은 유년기 때 어머니의 무릎을 베고 놀면서 그것을 발견하기도 하오.

그것은 카네기를 만들었고, 우드로 윌슨을 만들었소. 그것은 에디슨을 시대의 위인으로 만들었고, 허약한 경리사원을 금융황제로 만들었단 말이오. 그것이 바로 거리의 부랑자였던 피터를 이 호텔 스위트룸으로 끌어올린 것이오. 당신 안에도 분명히 있는 '그 무엇'이 말이오."

앤더슨 씨는 늘어뜨린 어깨를 세우고 랜돌프에게 손을 내밀었다.

"맞습니다. 당신 말이 맞아요. 나도 그 놀라운

힘을 반드시 찾고야 말겠소. 나를 일깨워줘서 고맙소."

그는 자리에서 일어나 피터와 퍼킨스의 손을 차례로 잡으며 인사를 나눈 다음 방을 나갔다. 퍼킨스와 랜돌프도 자리에서 일어섰다. 둘은 다음날 회장에게 피터를 어떻게 소개할지에 대해 의논하며 방을 나섰다. 두 사람을 엘리베이터까지 배웅하러 나온 피터가 랜돌프를 돌려세워 물었다.

"랜돌프 씨, 그날 당신이 제 눈 속에서 본 것은 무엇이었습니까? 희망이었습니까?"

랜돌프는 고개를 저었다.

"그랬다면 나는 자네에게 먹을 것을 살 돈을 조금 주는 것으로 희망을 북돋울 수도 있었을 걸세. 그런데 내가 본 것은 죽음과도 같은 절망의 밑바닥이었네. 이제 더 이상 내려갈 곳도 없어 보였지. 바닥까지 내려간 사람이 그다음에 할 수 있는 게 뭐겠나? 죽거나 아니면 바닥을 치고 다시 올라가는 길뿐이지. '그 무엇'을 깨워 올라가는

쪽을 선택한 것은 바로 자네 자신이야. 축하하
네. 내일 회사에서 보세."

퍼킨스와 랜돌프는 때마침 도착한 엘리베이터
에 올랐다. 피터는 머리를 숙여 절망의 밑바닥에
가라앉았던 자신에게 불씨를 놓아준 랜돌프에게
감사의 마음을 전했다.

— 끝 —

우 리의 영혼 속에는 과연 '그 무엇'이 잠자고 있을까? 정말 '그 무엇'을 발견하여 일깨우기만 한다면 우리의 삶의 모습이 완전히 달라지는 것일까? 짧지 않은 생을 살아온 나의 경험에 비춰볼 때, 분명 '그렇다'고 말할 수밖에 없다.

'그 무엇'은 우리들 각자가 처한 상황에 따라 때로는 신념이나 정신력으로, 때로는 황금의 씨앗이나 위대한 꿈으로 해석될 수 있다. 그러나 분명한 것은 우리 안의 '그 무엇'을 일깨움으로써 '나는 반드시 그렇게 될 거야!'라는 확고한 믿음을 갖게 된다는 것이며, 그 믿음으로 인해 우리의 전 인격을 포함한 삶의 모든 것이 바뀐다는 것이다.

저자의 말대로 우리는 그것을 기적이라 부를 수도 있을 것이다. 우리들 대다수는 기적이란 일어나기 어려운 것, 거의 불가능에 가까운 것으로 생각한다. 그러나 기적은 확실히 존재하며 그것을 체험해본 사람들은 '그 무엇'을 어렴풋

172

이 느끼게 된다. 나 역시 이 책의 주인공처럼 절망의 심연에서 기적을 경험했다. 아무것도 가진 것 없이 북코스모스를 세웠고 지금까지 잘 운영해오고 있다. 그리고 시간이 지날수록 '그 무엇'은 내게 더욱 강렬해진다.

몇 년 전, 아내와 공동으로 폴 마이어의 『성공을 유산으로 남기는 법』이라는 책을 번역하게 되었다. 그 책이 출간되고 난 뒤 얼마 지나지 않아 LMI-BIG DREAM & SUCCESS의 공한수 사장으로부터 이 책의 번역을 부탁받게 되었다. 이 과정 역시 단순한 우연이라고 생각할 수가 없다. 게다가 더 이해되지 않는 것은, 이 책을 읽는 순간 내 마음속에 이 이야기를 가능한 한 모든 사람들에게 알리고 싶다는 생각이 불의 글씨로 새겨졌다는 것이다. 이 또한 내 영혼 속의 '그 무엇'이 작용했던 것은 아닐지…….

번역하는 동안 내내 이 책의 저자가 누구일까 하고 생각했다. 저자 미상이라는 것이 이 책의 신비로움을 더해주었다. 어쩌면 이것은 구전되어오던 이야기를 누군가가 정리한 글일지도 모른다. 그러나 한편으로는 우리들 영혼의 깊은 곳에서 울려나온 소리가 글로 옮겨지고 있는 것은 아닐까 하는 신비로운 생각마저 든다. 진실이 어떤 것이든 나는 이 것을 고달픈 삶과 불행에 빠져 있는 우리 모두에게 영혼이 보내준 선물이라고 생각하고 싶다.

영혼이 보내준 선물이어서인지 원문의 글 전체가 대단히 함축적이었다. 따라서 독자들의 이해와 흥미를 더하기 위해 좀 더 부드럽게 연결될 수 있도록 번역하는 과정에서 많은 부분을 추가해 넣었다. 군더더기가 되지 않고 금상첨화가 되었으면 하는 바람이다.

누군가는 "고난은 축복의 또 다른 얼굴이다"라고 말했다. 힘겹고 괴로운 시간을 보내고, 이기고 나면 반드시 주어지는 보물이 있다고 했다. 고난을 통하지 않고서는 배울 수 없는, 가질 수 없는 열매들이 있다는 것이다. 고난을 겪고 있는 모든 이들이 '그 무엇'을 찾아 풍성한 열매를 거둘 수 있기를 바라는 마음이 간절하다.

이러한 글을 발굴해서 전 세계 모든 사람들에게 전하고자 하는 폴 마이어의 뜻에 조금이나마 보탬이 될 수 있을지 모르겠다. 이기심과 배타주의로 팽배한 요즘 시대에 그래도 곳곳에 이처럼 훌륭한 멘토들이 다음 세대를 위한 버팀목으로 서 있다는 것은 우리에게 커다란 희망이 아닐 수 없다.

부디 이 글의 주인공이 권하는 대로 이 책을 읽고 또 읽기를 바란다!

최종옥

불행이나 위기에 처했을 때, 그것을 극복하는
당신만의 노하우는 무엇입니까?

당신이 하고 싶은 가장 가치 있는
일(목표)을 3가지 이상 30초 내에 적어보시기 바랍니다.

--- --- --- --- --- --- --- --- --- --- --- --- --- --- --- --- --- ---
--- --- --- --- --- --- --- --- --- --- --- --- --- --- --- --- --- ---
--- --- --- --- --- --- --- --- --- --- --- --- --- --- --- --- --- ---
--- --- --- --- --- --- --- --- --- --- --- --- --- --- --- --- --- ---
--- --- --- --- --- --- --- --- --- --- --- --- --- --- --- --- --- ---
--- --- --- --- --- --- --- --- --- --- --- --- --- --- --- --- --- ---

훗날, 당신이 성공적인 삶을 살고 있을 때 사람들로부터
가장 받고 싶은 찬사를 적어봅시다.

....

....

....

....

....

....

당신의 가치를 높이기 위해 할 수 있는 일은
무엇입니까?

....

....

....

....

....

....

당신이 가지고 있는 재능이나 능력은 어떤 것들이 있습니까?
또한 앞으로 갖기를 원하는 것들은 무엇입니까?

. . . .
. . . .
. . . .
. . . .
. . . .

당신이 찾아야 할
'그 무엇'은 어떤 것입니까?

이 책의 저작권자를 찾습니다
-That Something-

초판 1쇄 발행 · 2007년 3월 20일
2판 1쇄 발행 · 2009년 3월 10일
3판 1쇄 발행 · 2010년 4월 23일

4판 1쇄 인쇄 · 2019년 8월 10일
4판 1쇄 발행 · 2019년 8월 15일

5판 1쇄 인쇄 · 2024년 8월 10일
5판 1쇄 발행 · 2024년 8월 20일

전달자 · 폴 J. 마이어
편역자 · 최종옥
펴낸이 · 이춘원
펴낸곳 · 책이있는마을
기 획 · 강영길
편 집 · 이서정
디자인 · 에테르9F
마케팅 · 강영길

주   소 · 경기도 고양시 일산동구 무궁화로120번길 40-14(정발산동)
전   화 · (031) 911-8017
팩   스 · (031) 911-8018
이메일 · bookvillagekr@hanmail.net
등록일 · 1997년 12월 26일
등록번호 · 제10-1532호

ISBN 978-89-5639-355-1 (03320)